COACHING
e
Desenvolvimento
de Lideranças

Jaime Moggi

COACHING
e
Desenvolvimento de Lideranças

QUALITYMARK

Copyright© 2016 by Jaime Moggi

Todos os direitos desta edição reservados à Qualitymark Editora Ltda.
É proibida a duplicação ou reprodução deste volume, ou parte do mesmo, sob qualquer meio, sem autorização expressa da Editora.

Direção Editorial	Produção Editorial
SAIDUL RAHMAN MAHOMED editor@qualitymark.com.br	EQUIPE QUALITYMARK

Capa	Editoração Eletrônica
EQUIPE QUALITYMARK	PS DESIGNER

CIP-Brasil. Catalogação na fonte
Sindicato Nacional dos Editores de Livros, RJ

G715c

Moggi, Jaime
Coaching e desenvolvimento de lideranças / Jaime Moggi. – 1. ed. – Rio de Janeiro : Qualitymark Editora, 2016.
208p. : il. ; 21 cm.

Inclui bibliografia
ISBN 978-85-414-0315-3
1. Executivos – Treinamento. 2. Liderança. 3. Administração de pessoal. I. Título.

16-34544   CDD: 658.4092
                                                                                                            CDU: 658.310.42

2016
IMPRESSO NO BRASIL

Qualitymark Editora Ltda.
Rua Teixeira Júnior, 441 – São Cristóvão   www.qualitymark.com.br
20921-405 – Rio de Janeiro – RJ   E-mail: quality@qualitymark.com.br
Tel.: (21) 3295-9800   Fax: (21) 3295-9824

Prefácio

"Não importa que eu tenha uma opinião diferente da do outro. Mas sim, que o outro venha a encontrar o certo, a partir de si próprio, se eu contribuir um pouco para tal."

Rudolf Steiner

Os líderes dos tempos atuais estão cada vez mais sendo desafiados a mudarem sua postura de apenas responsáveis pelo resultado das equipes que supervisionam para serem também protagonistas do desenvolvimento das pessoas; dentro deste desafio, já há alguns anos, *coaching* é a palavra da moda nas organizações.

Uma técnica poderosa de desenvolvimento mas que, atualmente, passa por um processo de *comoditização*, tornando-a algo tão banal que seus reais objetivos e oportunidades se perdem.

Desde o líder que diz "Vou fazer um *coaching* com fulano" — para terror da vítima — até as áreas de Recursos Humanos que contratam um *coach* para salvar aquele caso perdido da organização, para o suplício dos liderados.

Este livro, de natureza prática, fruto da nossa experiência de quase três décadas com o tema, se propõe a esclarecer e inspirar líderes e profissionais de Recursos Humanos na utilização deste processo que pode ser efetivamente transformador da vida das pessoas e das organizações. Ele está estruturado como um manual, onde as questões mais comuns são exploradas, contendo *cases*, ferramentas e formulários que apoiam a compreensão e aplicação dos conceitos.

VI *Coaching* & Desenvolvimento de Lideranças

Também deixa claro os potenciais, as limitações e possíveis utilizações do *coaching* nos processos de mudanças individuais e organizacionais.

Trata desde as definições e técnicas mais básicas até as aplicações mais recentes e abrangentes em processos complexos de mudanças culturais.

Deixo aqui meu agradecimento aos meus sócios da ADIGO Desenvolvimento Empresarial e Familiar, aos *coaches* do Instituto EcoSocial e de outros parceiros que nos últimos quinze anos trabalharam comigo em projetos de desenvolvimento da Adigo.

Tenho um agradecimento especial a Daniel e Gudrun Burkhard, que forneceram a inspiração para todo o trabalho de desenvolvimento da Adigo ao longo de toda a nossa experiência. E por último aos meus clientes, pessoas físicas e jurídicas que foram a razão de todo este trabalho!

Boa leitura!

Sumário

Prefácio V

Capítulo 1
O que é *Coaching*? 1

Capítulo 2
Quem Precisa de *Coach*ing? 7

Capítulo 3
A Dinâmica do *Coach*ing 11

Capítulo 4
O Diálogo de *Coaching* 15

Capítulo 5
A Arte da Pergunta 23

Capítulo 6
Como Conduzir um Diálogo de *Coaching*? 33

Capítulo 7
O Processo de *Coaching* 41

Capítulo 8
Coaching e o Processo de Aprendizagem 55

Capítulo 9
Talentos e Caricaturas 65

Capítulo 10
Cases 77

    Case 1 — Marisa, a executiva
    que não tinha tempo 79

VIII *Coaching* & Desenvolvimento de Lideranças

    Case 2 — Carlos, o homem sincero 81
    Case 3 — Roberto, o líder participativo 89
    Case 4 — Marcos, o executivo nota 10 95
    Case 5 — Mariane, a executiva que
    não gostava de dissecar animais 101
Capítulo 11
    Coaching e o Desenvolvimento de Lideranças 107
Capítulo 12
    Como Medir os Resultados do *Coaching* 113
Capítulo 13
    O Líder *Coach* 119
Capítulo 14
    Coaching Group 123
Capítulo 15
    Dilemas Éticos do *Coaching* 131
Capítulo 16
    Como Encontrar um *Coach* 137
Capítulo 17
    Programas de *Mentoring* 141
Capítulo 18
    Shadow Coaching 153
Conclusão 157
Anexo A
    Roteiro de Observação: O Desafio do Líder
    no Desenvolvimento do seu Time 159
Anexo B
    Ferramentas do *Coaching* 171
Bibliografia 197

CAPÍTULO 1

O que é *Coaching*?

2 Coaching & Desenvolvimento de Lideranças

Podemos começar pela origem da palavra *coach*, que é húngara (kocsi[1]), depois *coche*, cujo significado é carruagem, veículo que leva alguém de um lugar para outro. Metaforicamente, podemos dizer que *coaching* é um processo que leva o desempenho de alguém de um patamar para outro.

A palavra, também associada ao treinador de times ou de esportistas, acabou chegando ao jargão organizacional como o ato de treinar, reorientar, dar *feedback* a alguém no mundo corporativo. "Vou fazer um *coaching* com ele", virou uma frase de efeito, capaz de provocar arrepios na vítima.

Mas o que vamos tratar aqui é do *coaching* enquanto processo que acontece quando alguém se coloca no papel de ajudar uma pessoa a conseguir melhores resultados a partir de uma reflexão e de uma relação de parceria.

Raramente o caminho de autodesenvolvimento se faz sozinho. Precisamos do outro para nos ajudar a observar as ações e aprender com elas. Os grandes heróis de nossa cultura sempre tiveram alguém em quem se apoiar: Rei Arthur e Merlin, Pinóquio e o Grilo Falante, Dante e Virgílio, Luke Skywalker e Yoda etc.

O *coaching* pode exercer um enorme impacto em quem o recebe (o qual chamamos de *coachee*), assim como nas equipes, nos pares, líderes, clientes e no ambiente organizacional. E se tornou bastante comum nas organizações por um motivo muito simples, ele funciona. E apesar de todas as distorções e equívocos, a organização acaba sendo a grande beneficiária dos processos de *coaching*.

Meu primeiro contato efetivo com o tema se deu em um projeto de uma grande indústria de eletroeletrônicos, no início da década de 1990. Diante de uma reestruturação organizacional, a empresa extinguiu todo um nível da sua estrutura. Esta reestruturação colocou seus executivos diante do desafio de desenvolvimento do nível intermediário de gerência, o qual deveria assumir como um novo papel imediatamente. O programa de *coaching* nasceu a

Capítulo 1 – O que é *Coaching*? 3

partir da leitura do livro de Peter Senge, *A Dança das Mudanças*², mais especificamente no capítulo *Conselhos para tutores e tutoriados*.

No mercado, hoje, usamos vários nomes para esta prática de desenvolvimento, gerando bastante confusão.

A primeira confusão acontece com a figura do *mentor*. Na mitologia grega, Mentor foi o velho e sábio general a quem Ulisses entregou a educação de seu filho Telêmaco. No livro *As Aventuras de Telêmaco, Filho de Ulisses* de 1699, François Fénelon descreveu como Mentor o ajudou a assumir seu papel de futuro rei. O próprio Fenelon³ assumiu a educação do neto de Luís XIV com o objetivo de prepará-lo para reinar.

Mentoring é uma prática de desenvolvimento profissional muito valiosa e útil. Durante o processo de *mentoring*, basicamente, o mentor coloca seu conhecimento e experiência específica à disposição do outro.

Temos no mercado muitos programas de *mentoring*. Um deles é aquele em que o executivo sênior orienta jovens talentos da organização ou novos executivos a se desenvolverem e a se adaptarem à nova cultura ou a um cargo de maior responsabilidade.

Qual a diferença para o *coach*? Em essência, dizemos que o mentor trabalha de fora para dentro e o *coach* de dentro para fora.

Certa vez me ligou uma consultora interna de Recursos Humanos de um cliente: "Jaime, na segunda-feira vou facilitar a reunião de um grupo autogerenciado da fábrica. Nesta reunião precisamos definir qual será o coordenador do grupo para o próximo ano, assim como os demais papéis. Como conduzo uma reunião como esta?"

Eu lhe disse: "Comece a reunião colocando o objetivo para todos e quais produtos precisam construir na reunião, tais como nome do futuro coordenador, definição dos papéis etc. Depois entregue três *post-its* para que cada um responda às três perguntas a serem expostas no *flip-chart*.

4 *Coaching* & Desenvolvimento de Lideranças

Ou seja, o que não deve acontecer na reunião para se atingir o objetivo; qual a mensagem para o facilitador; qual a mensagem para o grupo. Peça que respondam às questões individualmente em cada *post-it* e os coloque no *flip-chart*. Leia, então, os *post-its*"...

O que eu estava fazendo com orientações como essas? Estava fazendo *mentoring*, pois sou facilitador profissional. Já facilitei milhares de reuniões como essa.

Em outro momento, a consultora me ligou e perguntou: "Jaime, não estou conseguindo conquistar a confiança de um dos meus clientes, o que faço?".

Perguntei quem era o tal cliente e ela se referiu ao diretor industrial. Questionei, então, por qual motivo achava que não tinha a confiança dele. "Ele só compartilha os problemas comigo quando os mesmos se tornam crônicos. Se os compartilhasse antes, eu poderia ajudá-lo, mas ele chega sempre com decisões já tomadas", respondeu.

Com base nisso, eu disse: "Me dê um exemplo detalhado? Qual é o perfil dele? Como você se sente quando ele traz decisões tomadas? "

Neste segundo momento, tive um diálogo de *coaching* com a consultora. Precisava ajudá-la a encontrar suas respostas para aquele caso específico. Contar o que eu fiz há anos atrás, em situação parecida, não teria o potencial necessário para auxiliá-la naquele momento atravessado por ela. Meu temperamento, minha experiência de vida eram outros e muito pessoais. Minhas soluções poderiam até inspirá-la a ver outras perspectivas, mas não seria eu que resolveria o seu desafio. No *coaching*, precisamos construir a resposta de dentro para fora.

E há, também, a figura do líder *coach*, o que costuma gerar uma enorme confusão.

Começou-se a usar o conceito do líder *coach* com a ideia de reforçar o papel de educador e treinador dos gerentes, o de orientar subordinados, dar *feedback* e instruções. Uma alusão muito próxima é a da figura do treinador na beira da quadra de basquete e de outros esportes.

Capítulo 1 – O que é *Coaching*? 5

O cuidado é não confundir os conceitos, seus instrumentos e propósitos com o processo de *coaching*, que é justamente o que queremos tratar aqui.

O gerente exerce uma relação de poder com o subordinado. O que não o impede de usar muitas das técnicas e conceitos semelhantes às do *coaching puro* (se assim podemos dizer). Em contrapartida, não é possível estabelecer uma relação de parceria plena entre as pessoas, ou as partes, sabendo-se que, de um lado, há alguém que avalia, promove, demite etc. O desafio do líder, hoje, nas organizações, é trazer a essência do *coaching* para o seu papel, apesar das limitações da relação de poder.

Há ainda outro tema que vale considerar aqui, baseada numa pergunta comum: Qual é a diferença entre *coaching* e terapia?

Tive uma professora na faculdade de Psicologia que dizia que muitas coisas podiam ser terapêuticas, mas não necessariamente uma terapia.

Um banho quente é terapêutico? Sim, mas não é terapia.

Coaching pode ser terapêutico? Sim, mas não é terapia.

Há muitas semelhanças, é verdade. O terapeuta, assim como o *coach*, na maioria das abordagens psicológicas trata de um processo de autoconhecimento e empoderamento do paciente. Mas existem algumas diferenças:

- O *coaching* não se propõe a ter a profundidade da maioria das linhas terapêuticas;
- Na terapia não existe o compromisso explícito com o desempenho e nem com os resultados organizacionais como no caso do *coaching*;
- Processos de *coaching* costumam ter objetivos bem explícitos, e colocados numa perspectiva temporal, em geral são muito mais curtos se comparados aos de uma terapia;

- O *coaching* tem um compromisso fundamental com a ação e ele se desenrola no ambiente organizacional ou na carreira.

Há também no mercado o *counseling* que, diferente do *coaching*, é voltado para o atingimento de objetivos e dirigido para soluções de problemas em geral de carreira ou fora do mundo organizacional, de saúde ou sociais.

Há o *life coaching*, um processo de *coaching* que procura integrar os aspectos pessoais, a carreira e o desenvolvimento de longo prazo.

As coisas ficam mais confusas ainda com a mania de se usar *coaching* para tudo hoje em dia: *hair coach, sex coach, stylist coach* etc. Como você já deve ter entendido, se fossemos ser chatos, estas figuras estão mais para *mentoring* do que para *coaching*!

Notas:

1 Cidade húngara onde foram construídos os primeiros coches modernos.
2 Peter Senge, *A dança das mudanças*.
3 Fenelon — cardeal e educador francês do século XVII.

Capítulo 2

Quem Precisa de *Coach*ing?

Todos nós! Esta seria uma resposta muito óbvia, não é mesmo? Por isso, vamos definir os grupos que mais podem se beneficiar com o processo de *coaching* incluindo, por consequência, a organização.

Altos Potenciais

Este grupo, de pessoas com alto potencial, é aquele que do ponto de vista da organização traz os maiores retornos. Peter Drucker dizia que nunca viu um potencial, só o desempenho. Ele defendia que devíamos apenas lidar com desempenho observável nas decisões de carreira. Mas esta é uma discussão ultrapassada. Hoje em dia, a maioria das grandes organizações tem seus *rankings* de potencial *versus* desempenho, sendo o Nine Box[1] o mais comum. Há muita frustração com potenciais que não se transformam em desempenho. Aqui, o processo de *coaching* costuma gerar ótimos resultados, ajudando a identificar os bloqueios e as oportunidades para transformar os potenciais em desempenho.

Transição de Carreira

Um bom técnico que assume uma função de supervisão, um gerente que assume uma diretoria, alguém da linha de frente que assume uma posição de *staff*. Estas mudanças tiram as pessoas de suas zonas de conforto e podem jogá-las em uma zona de pânico.

O *coaching* pode acelerar o processo e o tempo de adaptação, economizando meses, até mesmo anos de erros e atritos desnecessários.

Ao considerarmos pessoas físicas, é muito comum depararmo-nos com aquela que se encontra em momentos de crise profissional, desempregada, insatisfeita ou mesmo desiludida com a carreira. E, dentro de um processo de *coaching* elas podem encontrar seu caminho.

Capítulo 2 – Quem Precisa de Coaching? 9

Baixa *Performance*

Pessoas com baixo desempenho também podem se beneficiar. O processo de *coaching* pode ajudá-las a identificar as causas que a levaram a tal ponto e a mudarem os seus pontos de vista, de como veem as coisas.

Mas é importante dizer que *coaching* não faz milagre, principalmente se esta metodologia for a última cartada, a última chance do sujeito. Nesse caso, a chance de não funcionar é muito alta. Investir em *coaching* apenas para os casos de baixa *performance* é o caminho mais rápido para tirar a credibilidade desse processo. Sendo provável que não funcione, pode-se criar o estigma na organização de que aquele que faz *coaching* tem problemas.

Altos Desempenhos

Costumo dizer nas minhas palestras que eu corro três vezes por semana na praça perto de casa. Tenho um *coach*? A resposta é não, sou amador e o desempenho é medíocre.

O Usain Bolt (multicampeão olímpico) tem um *coach*? Sim, com certeza. Todos os grandes campeões e atletas de alta *performance* tem um *coach*. Não é possível chegar a altos padrões de desempenho e se manter neles sem um *coach*.

Executivos de alta *performance* e desempenho precisam de *coaches* para se manter no topo.

Onde o *coaching* funciona melhor? Com os melhores! Estes dão saltos significativos de desempenho com um bom processo de *coaching*.[1]

10 Coaching & Desenvolvimento de Lideranças

Notas:

1 Um dos instrumentos que auxilia na avaliação de colaboradores é o *9-box grid* — acredita-se que tenha sido criado na Mckinsey no final da década de 60. O modelo trata-se de um bloco que contém nove quadrantes: verticalmente avalia-se o potencial e horizontalmente o desempenho do indivíduo, cada nível corresponde a baixo, médio e alto. É a partir dessa matriz que muitas organizações tiram justificativas para investir em seus melhores profissionais.

Capítulo 3

A Dinâmica do *Coach*ing

12 *Coaching* & Desenvolvimento de Lideranças

A matéria prima do processo de *coaching* é a conversa/diálogo. É dessa forma que o *coach* trabalha e que a transformação acontece.

Olhamos duas pessoas colocadas uma diante da outra, que estão conversando — o *coach* e o *coachee* (quem recebe o *coach*).

Coach Coachee

Podemos verificar quantos diálogos estão acontecendo.

1. Uma conversa que chamamos de pública (conversa A):

Conversa A Pública

Coach Coachee

2. E outras duas conversas privadas (B e C)

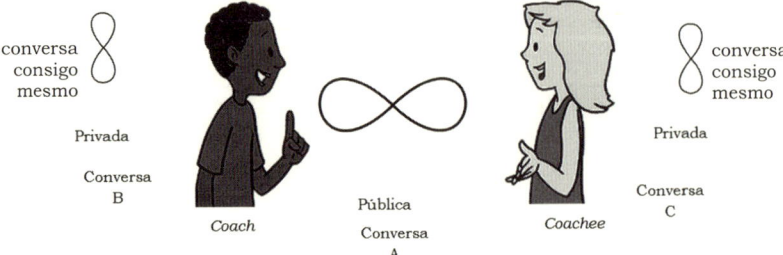

conversa consigo mesmo
Privada
Conversa B

Coach

Pública
Conversa A

Coachee

conversa consigo mesmo
Privada
Conversa C

Capítulo 3 – A Dinâmica do Coaching 13

Temos três diálogos acontecendo simultaneamente. Imagine você, líder, sugerindo para seu liderado "faça desta maneira tal coisa...", e ele diz "grande ideia chefe, deixa comigo" (conversa A). E, agora, você falando consigo mesmo (conversa B), "realmente eu tenho ótimas ideias". E o liderado falando consigo mesmo (conversa C), "de novo ela com as mesmas soluções que nunca resolvem; só empurra os problemas com a barriga".

Destas três conversas, qual a mais importante? Do ponto de vista de mudança, a conversa do *coachee* consigo mesmo é a que pode levar a ações engajadas e transformadoras.

Se você olhar para si mesmo é possível se perguntar quais as conversas significativas que teve na sua vida. Olhando para o mesmo modelo, as conversas B e C foram bem "baixas". A conversa pública e a conversa C foram as mesmas. Isto é claro, só acontece com relações de muita confiança e extrema abertura para a mudança.

Nas conversas do dia a dia, vivemos brigando com o barulho interno das conversas privadas. Quando conseguimos silenciá-las, acontece a magia do *coaching*. Claro que isto é um processo que precisa ser construído.

Do ponto de vista do *coach*, se a conversa privada do *coachee* (C) é a mais importante, como ter acesso a ela? Como fazer com que esta conversa privada se torne pública? A primeira maneira prática é fazendo perguntas. A outra é compartilhando sua própria conversa privada (B). Se você faz isso, o *coachee* também, aos poucos, pode revelar a sua conversa interna. Nesta crença de que o diálogo transparente pode ser transformador se fundamenta todo o processo de *coach*.

Capítulo 4

O Diálogo de *Coaching*

16 Coaching & Desenvolvimento de Lideranças

Algumas pessoas me perguntam se *coaching* é uma moda e se vai passar. Minha resposta é a de que *coaching*, na verdade, trata-se da mais antiga forma de relacionamento humano — é o encontro! Encontro de duas pessoas que conversam e dialogam. Nesse diálogo, uma pessoa tem uma pergunta genuína e a outra está disposta a ouvir a sua história. Está verdadeiramente interessada em ajudar, colocando-se nesta posição por inteiro.

Sendo assim, *coaching* sempre existiu. Profissionalmente, os sacerdotes, conselheiros e mestres, sempre estiveram presentes na nossa cultura. Assim como o amigo, os irmãos e pais sempre exerceram este papel.

A igreja católica, por séculos, treinou seus padres a ouvirem sem julgar, a fazerem perguntas, porém, colocando-se numa posição de humildade e empatia.

Vendo por esse prisma, o *coaching* não é moda, sempre existiu e continuará a existir.

Neste encontro entre duas pessoas, o *coachee* traz a sua pergunta, uma questão básica, mas também uma série de outras, tais como: Este *coach* pode me ajudar? Posso revelar como realmente sou? Vou ser julgado? Posso deixar cair minhas máscaras?

O primeiro passo para atravessar tais barreiras é não se deixar envolver pelas antipatias ou simpatias.

Certa vez, por exemplo, em um dos nossos programas abertos, durante determinado módulo levamos um cliente *real*. Tratava-se de alguém que de fato trazia suas questões e era, também, participante de uma etapa do programa como *case* de um pequeno grupo de *coaches*.

A intervenção se deu em três momentos. Um de exploração, outro de fechamento de diagnóstico e um terceiro de geração de planos de ação.

A convidada (cliente *real*) era uma mulher inteligente, dedicada, mas de uma prolixidade atroz. Não conseguia encadear pensamentos e se perdia numa infinidade de detalhes. E, quando falava de sua equipe, usava uma linguagem desqualificadora.

Capítulo 4 – O Diálogo de Coaching 17

Depois de duas interações, o grupo se sentiu em um beco sem saída, ficou paralisado, não conseguia achar caminhos que pudessem ajudá-la. Foram duas interações muito difíceis. Propus então ao grupo uma avaliação do trabalho até ali. Perguntei aos *coaches* como se sentiam na relação com ela. A primeira resposta foi a de que sentiam que ela não sabia o que queria, que estava perdida etc. Interrompi e disse que aquela não havia sido a minha pergunta. A pergunta era "O que sentiam na relação com ela? ".

Silêncio...

"Antipatia ou simpatia? ", perguntei.

"Antipatia", disseram. "Ela é muito chata, o marido deve ser um santo" etc.

E alguém do grupo disse: "Como vamos conseguir ajudá-la se a estamos julgando o tempo todo? ".

Tomando conhecimento da antipatia e dos motivos que os levaram a tanto, os *coaches* do grupo se propuseram a mudar de atitude. O resultado foi impressionante! A qualidade da terceira interação e a postura aberta do grupo refletiu na cliente/*coachee*. O que não havia ocorrido nas interações anteriores, aconteceu na última.

Assumir os preconceitos e sentimentos do outro como se fossem nossos ou ter simpatia pela situação também não são posturas produtivas, pois dessa forma nos perdermos uns nos outros. Leva-nos a chorar com o outro e a ficar presos e bloqueados pela situação, assim como ele.

A postura de empatia, de abertura para o outro (daquele que está ali, à sua frente) é o primeiro passo de um diálogo de *coaching*. Não se perder na antipatia ou na simpatia, mas estar na situação por inteiro. É estar *ali* com o propósito de ajudar.

O passo seguinte é ouvir, mas ouvir verdadeiramente.

Nas organizações somos treinados a falar, a fazer apresentações poderosas, a persuadir, argumentar. No papel do *coach*, devemos exercitar a outra polaridade, que é a de ouvir.

Mas ouvir por inteiro. E esta pode ser uma atitude muito poderosa num diálogo de *coaching*. Ouvir sem estar preocupado ou com a mente ocupada com o que se pretende dizer na sequência, desprovido de julgamentos e preconceitos.

Podemos dizer que existem três dimensões básicas do ser humano: o *pensar,* o *sentir* e o *querer.*

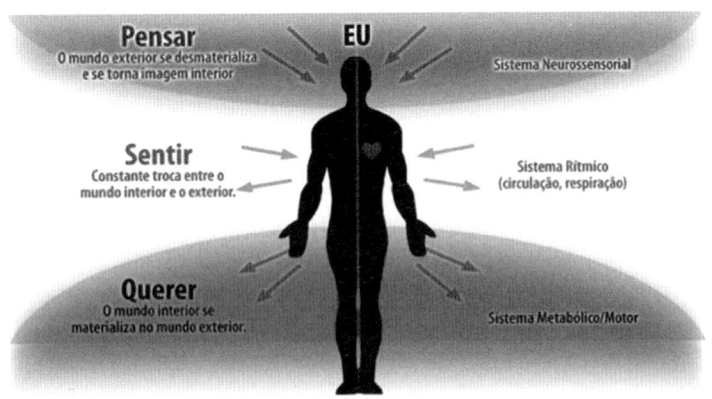

O *Espírito Transformador*, Jair Moggi e Daniel Burkhard. Antroposófica, 2005.

O *Espírito Transformador*, Jair Moggi e Daniel Burkhard. Antroposófica, 2005.

Vamos abordar o ouvir a partir destas dimensões.

Na primeira, do *pensar,* é preciso ouvir os fatos, as ideias, os conceitos, na sequência lógica usada pelo *outro* para se comunicar.

No nível do *sentir*, há que se ouvir as emoções através do tom de voz, movimentos faciais, expressões e gestos.

O terceiro nível, o mais sutil, é ouvir o *querer*. Ou seja, as intenções, os desejos, a energia, a direção daquilo que o *coachee* diz.

Qual o nível de compromisso e de engajamento com aquilo que lhe é dito?

Capítulo 4 – O Diálogo de Coaching

No programa da Adigo de Formação de Consultores e Líderes Facilitadores propomos um exercício para *treinar o ouvir*. As pessoas participam em pequenos grupos, na sequência:

Exercício do ouvir

1. Formar grupos de quatro membros.
2. O exercício será feito quatro vezes, com o grupo trocando os papéis em cada rodada.
3. Uma pessoa relata uma experiência recente (ou não tanto) que indica uma situação conflitiva e que ainda não foi resolvida (cerca de cinco minutos).

   Para aqueles que não lembram imediatamente de alguma situação conflitiva, considere as seguintes perguntas:

   - O comportamento de um colega no trabalho despertou mal-estar, ansiedade, sentimento de culpa?
   - Existe uma pessoa na organização com a qual você tem uma relação que não é como você gostaria?
     O que aconteceu para tornar esta relação assim?
   - Você criou recentemente uma situação difícil *metendo os pés pelas mãos*?
   - Existe um aspecto da sua personalidade que você gostaria de alterar, como, por exemplo, procrastinação ou temperamento explosivo?
   - Existem quaisquer relações fora do trabalho, como, por exemplo, com um vizinho ou parente, que você considera difíceis ou incômodas?

4. Durante o relato, cada um dos outros três do grupo assume o papel de observar a experiência em um dos três níveis de escuta: *Pensar, Sentir* e *Querer*. Ao término da narração, cada

observador apresenta, em três minutos, o que percebeu no nível de escuta que observou:

- Pessoa A (*Pensar*) reconta os principais elementos da história, os fatos e conceitos que o contador da história usou para tornar a situação clara.
- Pessoa B (*Sentir*) descreve os sentimentos que ela imagina que o
- contador sentiu tanto no momento em que ocorreu a situação, quanto no momento em que estava descrevendo-a.
- Pessoa C (*Querer*) descreve as motivações percebidas no contador: o que o contador realmente quer fazer a respeito da situação e quanto comprometimento e energia ele tem.

5. Todas as observações são então verificadas com o contador. O que foi esquecido?
O *feedback* esclareceu algo da situação para o contador?
Ajudou ouvir a interpretação das motivações? (cerca de cinco minutos).
6. Troque os papéis e faça novamente toda a sequência.

Ao resgatarmos o exercício com os grupos, as pessoas ficam impactadas pelas limitações que temos ao *ouvir* o outro. Isso porque existem inúmeros aspectos, como nuances, sutilezas e conteúdos ocultos em cada dimensão, com os quais não entramos em contato por falta de atenção.

A maioria conclui que o *querer* é o mais difícil de ouvir por tratar de impulsos inconscientes até mesmo para o interlocutor. Muitas vezes, a intenção vai na direção oposta do *pensar*.

Relatam também que ouvir sua história/conteúdo contada por outro pode ser revelador.

Às vezes mostrando que os sentimentos não são proporcionais aos fatos ou mostrando intenções que não estão conscientes.

O mais importante, de fato, é o poder do ouvir. Pois somos mobilizados internamente só pelo fato de ter alguém ao nosso lado ouvindo tudo o que dizemos, com completa e inteira atenção.

Como não trabalhamos com três *coaches* e, na vida real, com um *coachee*, o desafio é desenvolver esta capacidade de ouvir nas três dimensões, sozinhos.

O ouvir verdadeiramente tem um papel fundamental na criação de uma relação de *coaching*.

O fato de nos colocarmos numa postura de não julgamento, de espera e saber ouvir o outro por inteiro, nos ajuda a criar a base da relação de *coaching*, que é a confiança.

A confiança verdadeira é estabelecida também com o tempo, e este deve ser adequado a cada pessoa.

Como o tempo funciona? É simples. Imagine a primeira vez que você vai à casa de uma pessoa e lhe dá vontade de ir ao banheiro. O que você faz? Pergunta: "Posso ir ao toalete? ". Na segunda vez, na mesma casa, o que faz? Talvez pergunte: "Posso ir ao banheiro? ". Na terceira vez, talvez diga: "Com licença, vou até o banheiro". Na quinta vez, talvez: "Vou ao banheiro". E na décima vez, o que você faz? Talvez vá ao banheiro sem pedir, não feche a porta, passe pela geladeira no meio do caminho e pegue uma cervejinha. Brincadeiras à parte, no processo de *coaching*, à medida que o tempo e a intimidade vão aumentando, o *coachee* vai dando *permissão* para que o *coach* vá mais fundo, faça perguntas mais provocativas, dê opiniões mais contributivas ou entre em temas mais delicados. Isto é confiança. E confiança só é construída ao longo de um processo.

Capítulo 5

A Arte da Pergunta

Como vimos no capítulo *A Dinâmica de* **Coaching**, o instrumento utilizado pelo *coach* para transformar a conversa privada do *coachee* em pública é a pergunta. Mais do que isto, é a pergunta que mantém a conversa viva, é ela que impulsiona o *coachee* para a ação, que faz com que ele olhe a situação de uma maneira diferente do que vinha olhando.

Questões profundas dirigem nosso pensar para o que está sob a superfície das coisas. Questões de propósitos nos obrigam a pensar no significado do que estamos fazendo. Questões que nos movimentam forçam-nos a considerar se há outros pontos de vista relevantes. Questões de exploração nos forçam a ser específicos. É claro que não estamos falando aqui de nenhuma novidade. De uma grande descoberta da andragogia. O método socrático é o precursor de tudo isto.

A maiêutica (*parteira* em grego) é a arte de parir ideias. Sócrates fazia isto a partir de perguntas.

Cristo, que também era um grande educador, igualmente trabalhava com questões.

Quando pergunta à adultera "Onde estão os que te acusam? ", ele sabe que os mesmos não estão mais ali. Foram expulsos devido ao seu comentário "Quem não tiver pecado que atire a primeira pedra". Assim, procurou fazer com que ela pensasse na profundidade daquele acontecimento.

Era muito comum Cristo responder as questões dos fariseus com outra pergunta. Como *coaches*, devemos utilizar desta ferramenta para mudar o foco, tirar da imobilidade pessoas que estão nas suas zonas de conforto.

Mas o que é uma boa pergunta?

Antes de mais nada, costumam ser simples e restrita a um único ponto. Perguntas múltiplas só vão gerar dispersão. Boas perguntas costumam ser curtas. Se você não consegue expressá-la em uma frase há algo de errado com ela.

Mas vale verificar se a abordagem é honesta. Fazer perguntas que pretendem conduzir a uma resposta que queremos é manipulação.

O pensamento humano é impulsionado e movimentado por perguntas. Elas nos levam a outros lugares, àqueles que não fomos antes. E é neles que aprendemos algo novo. Podemos fazer uso de uma hierarquia de *potência*[1] de perguntas.

- Que dia é hoje?
- Como você faz um ovo frito?
- Qual a importância deste momento na sua vida?

Vemos claramente que tipo de movimento cada uma delas cria em nossa mente.

Perguntas poderosas:

- Por que? (Qual o propósito? Qual a intenção?)
- Como o quê?
- Onde que...?
- Quando que...?

Perguntas Abertas e Fechadas

Perguntas fechadas, que obtêm como resposta *sim* ou *não*, são as mais fracas. Podem ser úteis para confirmar alguma coisa, levar a mais uma informação, não mais do que isto.

Perguntas abertas costumam provocar uma maior mobilização interna. Olhe a seguinte sequência:

- Você está se sentindo bem?
- Onde dói?
- Como você se sente em geral?
- Por que você acha que não está se sentido bem?

À medida que avançamos, a partir do simples *sim/não*, notamos que a pergunta tende a motivar um pensamento mais profundo.

Perguntas fechadas podem ser boas para levantar informações ou incoerência nas falas, mas devem ser usadas com cuidado, já que dá pouca oportunidade do *coachee* se expressar e torna o diálogo rígido e excessivamente conduzido pelo *coach*, deixando o *coachee* passivo.

Perguntas abertas permitem que o *coachee* expresse suas ideias e sentimentos com liberdade. Elas colocam o *coachee* numa posição ativa no diálogo.

Exemplos de perguntas abertas e fechadas:

Aberta	Fechada
O que aconteceu?	Você foi para o escritório dele?
Como você analisa sua equipe?	Sua equipe está desmotivada?
Quais são os outros fatores relevantes?	Fulano estava na reunião?
O que isto te causa?	Você está frustrado?
Por que isto é importante?	Você se sente bem?
O que o preocupa?	Você está aliviado?

Perguntas a serem evitadas ou usadas com cuidado:

- Perguntas compostas: com que frequência isso acontece e qual o impacto que tem em você quando acontece?
- Perguntas com julgamento: você acha correto isto que você fez?
- Perguntas dirigentes: você não quer...? Você concorda que...?
- Podemos dividir em sete categorias as perguntas e/ou explorações que podem ser feitas numa conversa de *coaching*[1].

Capítulo 5 – A Arte da Pergunta   27

Primeiro tipo

Exploração dos fatos:
É o mais simples, implica em levantar fatos, dados, opiniões e ideais que ajudem a classificar o problema:

- O que acontece?
- Quando?
- Quem estava envolvido?
- Dê-me um exemplo.
- O que ele disse?

Segundo tipo

Exploração de sentimentos:
A pergunta pode ser "O que você sente?". A questão é simples, mas é preciso ficar atento, já que em ambientes organizacionais há uma dificuldade grande em expressar sentimentos. Principalmente os sentimentos negativos. Ninguém gosta de dizer que está com medo ou com raiva. Homens, culturalmente, têm mais dificuldade de falar de sentimentos. É muito comum você perguntar "Como se sente?" e o sujeito responder:

- Sinto que precisamos fazer um planejamento estratégico.
- Sinto que não levantamos todos os dados.

Às vezes é necessário criar um ambiente de empatia e de não julgamento para que o outro possa expressar seus sentimentos. Para que responda, por exemplo, que se sente frustrado, entusiasmado, inseguro etc.

Falar de como nos sentimos pode ajudar o outro a fazer o mesmo.

Terceiro tipo

Movimento:
O objetivo é *deslocar* o outro, no espaço ou no tempo. Colocá-lo em outro lugar e convidá-lo para olhar a mesma situação e vê-la de maneira diferente. Por exemplo:

- Se você fosse o presidente da empresa, o que faria?
- Se você fosse o cliente, como avaliaria este processo?

Pode-se *deslocá-lo* no tempo:

- Daqui a trinta dias, quando formos avaliar este plano, o que você vai me contar?
- Daqui a um ano, o que você dirá sobre esta situação?

Esses questionamentos são ótimos para tirar pessoas da paralisia. Fazê-los pensar *fora da caixa*.

Quarto tipo

Espelhamento:
Você repete o que foi dito pelo interlocutor e pede uma confirmação.

— Qual é o seu problema?
— Meu problema é meu chefe não gostar de mim.
— Porque acha que ele não gosta de você?
— Porque ele grita comigo.
— Ele grita com outras pessoas?
— Sim, ele grita com todo mundo.
— Você está me dizendo que seu problema é que seu chefe não gosta de você e você acha isto porque ele grita com você. E também que ele grita com todo mundo?

O espelhamento pode ter vários objetivos. Um deles é o de confirmar o entendimento. Ou, como na situação descrita, ajudar o outro a ver a falta de lógica na sua avaliação. Se o chefe grita com todo mundo, este não pode ser um indicativo de que não goste, especificamente, do interlocutor. Pela lógica, o chefe não gosta de ninguém.

Quinto tipo

Confronto:
Aqui, as perguntas devem ser usadas de maneira comedida, em situações específicas. Podem ser muito úteis para tirar alguém da zona de conforto. Por exemplo:

- Toda vez que tocamos neste tema, você muda de assunto. Tem certeza que não quer falar sobre isto?
- Quando seu filho nasceu você ficou meses sem ver a família. Qual era o valor mais importante?
- O que te incomoda verdadeiramente nesta situação?
- Quando tocamos neste tema você desvia os olhos. Por que?

Em um dos meus *workshops* de gestão de mudanças, levei um empresário para ser um *case vivo* para o grupo. Ele enfrentava uma série de problemas em sua organização e a ideia era o grupo tentar ajudá-lo. A sua empresa, de tecnologia de informação, havia passado por um crescimento muito rápido.

Me lembro de o grupo propor que ele mapeasse os processos da sua empresa. Ele disse que isso daria muito trabalho e não levaria a nada.

Um dos participantes perguntou:

- O senhor não vende *WorkFlow*[2] para seus clientes? Não acredita naquilo que vende?

Ficou uma *saia justa* na sala, mas foi essa pergunta de confronto que tirou aquele empresário da imobilidade.

Já, se o *coachee* afirma que seu valor mais importante é a família, você pode perguntar:

- Você me contou em uma conversa anterior que aceitou aquela proposta para trabalhar fora do país e tinha um filho recém-nascido. O que foi mais importante?

É importante lembrar que as perguntas de confronto não são para mostrar o seu poder, mas sim para dar poder ao outro.

Busca de um significado maior

Ao realizar uma questão, você deve procurar ajudar o outro a encontrar um significado maior naquilo que está sendo dito.

Pode ser uma pergunta muito simples, como:

- Se você tomar esta linha de ação, quais serão as consequências?

A partir daí pode-se perceber que uma ação que estava sendo avaliada por seu impacto apenas em uma área, na verdade, poderia afetar toda a organização.

Outras questões:

- Qual o impacto deste projeto na sua carreira?
- Que valores estão em jogo?
- Qual o padrão que está se repetindo na sua vida?

Nota

1 O conceito foi trazido para o Brasil por Anita Charton nos programas de Formação Biográfica da Dra. Gudrun Burkhard. Ver em http://anitacharton.ch/en/biographical-*coaching*.

Capítulo 5 – A Arte da Pergunta 31

Busca da essência

O que é essencial de acordo com a situação. Perguntas que contenham o "Por que?" costumam buscar o essencial. Só tome cuidado para não ficar só com a primeira resposta.

O pessoal que trabalha com Qualidade usa a técnica dos *Cinco Porquês* para compreender o problema, ou seja, para chegar à causa raiz, à sua essência.

Vejamos, como exemplo, um problema de qualidade nas peças produzidas na fábrica:

- *Por que temos esse problema?*
- Por que os operários cometem muitos erros no processo.
- *Por que eles cometem muitos erros?*
- Porque os operários não foram treinados.
- *Por que os operários não foram treinados?*
- Porque não havia verba de treinamento no orçamento.
- *Por que não havia verba?*
- Porque a diretoria não autorizou.
- *Por que a diretoria não autorizou?*
- Porque a Diretoria não considera qualidade como importante ou porque não acredita em treinamentos.

Outro exemplo de pergunta de essência:

- Se você tivesse um único dia de vida, o que faria?

Esta remete a pessoa a pensar naquilo que é verdadeiramente importante.

Portanto, questionamentos que ajudem a entender o propósito das coisas, também costumam ser perguntas de essência. Mais um exemplo:

- Onde você quer chegar com isto?

Você pode também, conhecendo os tipos de perguntas, integrá-las. Exemplo:
- O que te incomoda?

Temos aqui uma pergunta de exploração dos fatos (ou sentimentos), mas que pode mudar, se você acrescentar mais uma palavra:
- O que te incomoda verdadeiramente?

Feita no tom certo, esta pode ser uma pergunta de confronto.

Confronta a pessoa com a possibilidade de ela estar negando ou omitindo de si mesmo a verdade:
- Se você fosse fulano, como se sentiria?

Você explora emoções e, ao mesmo tempo, as movimenta.

O desafio é manter a conversa viva, profunda e levar o pensamento do *coachee* a um lugar onde ele não esteve antes.

Notas

1 Vogt, Eric E. — The Art and Architecture of Powerful Questions.

2 O *WorkFlow* é a maneira eletrônica de monitorar os fluxos de projetos e processos de uma empresa, é criado um *software* que desenhe e mostre o desempenho de atividades e seus envolvidos.

3 Anita Charton

CAPÍTULO 6

Como Conduzir um Diálogo de *Coaching*?

Uma conversa é um ser vivo. E é justamente a conversa e/ou o diálogo, o material de trabalho do *coach*. Talvez o modelo mais conhecido de condução de uma conversa de *coaching* seja o *Grow*, desenvolvido por John Whitmore.[1]

Grow, crescimento em inglês, é um acrônimo das seguintes palavras:

- *Goal* — objetivo, meta.
- *Reality* — realidade.
- *Options* — opções.
- *Will* — vontade, caminho a seguir.

Neste método, a proposta é organizar uma sequência de diálogo que leve o *coachee* a uma reflexão e à tomada de decisão sobre si e seus problemas, tendo como base o encadeamento de quatro passos distintos.

Outro modelo conhecido é o *Woop*, introduzido pela psicóloga Gabriele Oettingen. *Woop* ou *Will, Outcome, Obstacle, Plan* — Aspiração, Informação, Obstáculo e Plano, respectivamente.

Muitas das nossas organizações no Brasil usam o *Grow* como abordagem de avaliação de desempenho e construção de planos de desenvolvimento individual.

Em essência, ambas as abordagens, tanto a do *Grow* quanto a do *Woop*, correspondem ao mesmo princípio, ou seja, o de definir o que se quer, o de olhar o mundo e escolher o caminho, com a possibilidade de que seja dado um pouco mais de ênfase em um ou em outro aspecto/passo do conjunto do processo. Vamos, portanto, aprofundar o método *Grow*, que tem como mérito a simplicidade e a disseminação entre nós.

Capítulo 6 – Como Conduzir um Diálogo de *Coaching*? 35

Passo a passo do *Grow*

Goal — o objetivo da conversa

Uma conversa de *coaching* é um diálogo em que, diferente daqueles do dia a dia, ganha uma profundidade muito maior. O primeiro passo para alcançar tal profundidade é estabelecer claramente qual será objetivo da conversa.

O *coachee* geralmente tem uma queixa inicial, exemplo: não tenho uma boa relação com meu chefe, minha equipe está desmotivada, meu projeto está atrasado, não consigo reter os clientes etc.

O desafio nesta fase, portanto, é definir o objetivo inicial do diálogo.

Perguntas como:

- O que você quer alcançar?
- Qual seria um resultado desta conversa que valeria a pena para você?
- Se nosso processo de *coaching* for bem sucedido, o que você fará?
- Como vai saber que alcançou a meta proposta?
- O que você gostaria que acontecesse com...?
- O que você realmente quer?
- Qual resultado seria o ideal?
- O que você quer mudar?
- Quais benefícios você quer conseguir?

Pegando um exemplo muito simples, como o de alguém que quer perder peso, talvez a formulação que chegaremos seja: trazer meu peso abaixo de 80 kg em quatro meses e mantê-lo baixo.

Ao formular a meta, outra preocupação é a de que ela esteja dentro da esfera, influência do *coachee*. Que dependa o mais possível dele e não dos outros. Um *coachee* que tenha como meta: *ser levado mais a sério pelos meus colegas*, ficaria melhor se a meta fosse: *expressar minhas ideias com clareza e pensar bem no que vou dizer*.

Reality — a realidade

Nesta fase, o foco é a exploração do problema, da situação. Gosto de usar a imagem de alguém entrando em um consultório, e o médico faz o quê? Receita de cara um antibiótico, uma cirurgia? Não! Ele faz uma anamnese. Que tipo de perguntas ele faz?

- O que o traz aqui?
- O que está acontecendo?
- Desde quando?
- Já teve isto antes?
- Onde dói?
- Como é esta dor?
- Como começou?
- Como evoluiu?
- Ela pulsa? É contínua? É uma pontada?
- Qual a intensidade (de 0 a 10)?
- Que hora do dia é mais forte?
- Etc.

Isto se for um médico alopata. Se você for a um homeopata, além destas vai ter de responder se é friorento ou calorento e se dorme de ladinho. Se você for a um médico antroposófico, ele vai querer saber sua biografia toda — os médicos antroposóficos trabalham tratamentos exclusivos e não de amplo espectro, para eles cada paciente é único.

Brincadeiras à parte, na fase do *Reality* o *coach* vai ajudar o *coachee* a olhar para o problema e para a situação. Vai levantar informações, dados, opiniões e fatos ligados ao problema, bem como a relação do *coachee* com a situação.

Perguntas como:

- O que está acontecendo agora (o que, quem, quando, quantas vezes)?

Capítulo 6 – Como Conduzir um Diálogo de *Coaching*? 37

- Qual o efeito ou resultado disso?
- O que você já fez?
- Quais são as dificuldades?
- Como você descreveria o que fez?
- Pode me dar um exemplo?
- Em que ponto/estágio você está em relação a sua meta?
- Qual o progresso até agora?
- O que está funcionando?
- O que não está funcionando?
- Por que você não alcançou o seu objetivo até agora?
- Você conhece outras pessoas que tenham alcançado este objetivo?
- Se você perguntasse ao fulano, o que ele diria sobre você, ou sobre essa situação?
- Como você se sentiu quando isso aconteceu?

São perguntas que ajudam o *coachee* a entender o cenário em que ele está inserido e, ao *coach*, a compreender como conduzir a conversa de modo a ajudá-lo.

Além de levantar as causas, entender o problema, o processo e a si mesmo dentro daquele cenário, a exploração da realidade cria o clima e o potencial para a mudança.

Não é incomum que, durante a exploração, o *coachee* perceba que o objetivo não é bem aquele. Que o problema é outro, ou que o problema não é dele. Neste caso, é preciso então redefinir o objetivo inicial.

Options — as opções

A partir da compreensão da realidade, das suas circunstâncias, causas e obstáculos, é hora de levantar alternativas e possibilidades. Esta fase começa com um *brainstorming* de possibilidades:

- Quais são as opções?
- Qual poderia ser o primeiro passo?
- Quem é capaz de ajudar?
- Se você não fizer nada, o que acontece?
- O que aconteceria se você fizesse isto?
- Que sugestão você daria para um amigo que estivesse nesta situação?
- Se fulano estivesse no seu lugar, o que ele faria?
- Se você fosse o presidente da empresa, como resolveria?
- Quem pode interferir?
- Quem pode ajudar?

Quanto à geração de ações, é importante o *coach* ter em mente que o processo de *coaching* não tem como meta solucionar problemas, apesar de muitas vezes solucioná-los.

O *coach* está ali para ajudar o *coachee* a solucionar o problema, e não para solucioná-lo por ele (diferente do gestor). O foco do *coach* é o *coachee*, não o problema.

A proposta é definir e criar as soluções a serem incorporadas no plano de ação da fase seguinte. Construir o que chamamos de horizonte de solução.

O *coach* também pode sugerir alternativas, juntar uma com a outra e ajudar o *coachee* a estruturar seu processo de criação. Enfim, construir junto a ele um horizonte de soluções.

Horizontes de Soluções

O QUE VOCÊ JÁ FEZ?	O QUE VOCÊ JÁ PENSOU EM FAZER?	QUE OUTRAS COISAS VOCÊ PODERIA FAZER?	E SE VOCÊ FIZESSE?	SOLUÇÕES POSSÍVEIS

Will — a vontade/caminho a seguir

Agora é a hora de transformar as alternativas num plano de ação concreto, factível e, principalmente, que tenha o engajamento, o compromisso do *coachee* com a implementação.

Perguntas que podem ajudar:

- Qual o primeiro passo?
- O que você precisa fazer agora?
- Como você vai fazer?
- Quais os obstáculos no caminho?
- De quais recursos você precisa?
- Como você vai saber se está funcionando?
- De que tipo de apoio você precisa?
- De 1 a 10, qual o seu compromisso com esta ação?
- O que falta para ser 10?
- Quais as consequências?
- Você quer verdadeiramente fazer isto?
- Quando começa?
- Na nossa próxima conversa, o que você vai me contar que aconteceu?

A maioria dos diálogos de *coaching* não acontece exatamente na sequência aqui apresentada. Às vezes avança, volta e continua na sessão seguinte. Mas a aplicação de uma metodologia durante o processo garante a qualidade da conversa e a sua efetividade.

Notas:

1. *Coaching for Performance*, Nicholas Brealey Publishing, John Whitmore.
2. Anamneses: na filosofia platônica, rememoração gradativa através da qual o filósofo redescobre dentro de si as verdades essenciais e latentes que remontam a um tempo anterior ao de sua existência empírica. Busca do diagnóstico pelo médico em uma consulta clínica.

Capítulo 7

O Processo de *Coaching*

Como acontece ou deveria acontecer um processo de *coaching*?

Há algumas etapas que independem da metodologia escolhida (e há inúmeras) pelas quais você deve passar. Suas denominações mudam em função do autor, mas podemos dividi-las em cinco etapas arquetípicas:

1. Contratação
2. Exploração
3. Visão e Objetivos
4. Ação
5. Resultados e Sustentação

Vamos imaginar um processo clássico de *coaching*, de oito a doze sessões, que é a duração mais comum encontrada hoje no mercado. Menos que oito só se estivermos falando de um processo com um produto muito bem definido e delimitado e sem o compromisso de acompanhamento da implementação.

Por exemplo, ajudar o *coachee* a fazer um diagnóstico de seus pontos fortes e fracos e nada mais. Talvez você consiga fazer isso em duas ou três sessões.

Ajudá-lo a entender uma Avaliação 360° e, a partir daí, conversar com o seu líder. Já tive alguns projetos em que isso foi realizado entre uma e três sessões.

Ou ainda, durante a tomada de uma decisão em que as alternativas estejam bem determinadas, como: "Volto para o mercado de trabalho como executivo ou como consultor?". Enfim, situações pontuais em que o produto final esteja bem claro e definido.

O período de uma a uma hora e meia costuma funcionar bem em um processo estruturado de *coaching* executivo. O que não quer dizer que você, no papel de líder *coach*, não possa fazer um diálogo de *coaching* em quinze minutos com seu subordinado ou colega.

Capítulo 7 – O Processo de *Coaching* 43

Vamos explorar as cinco etapas:

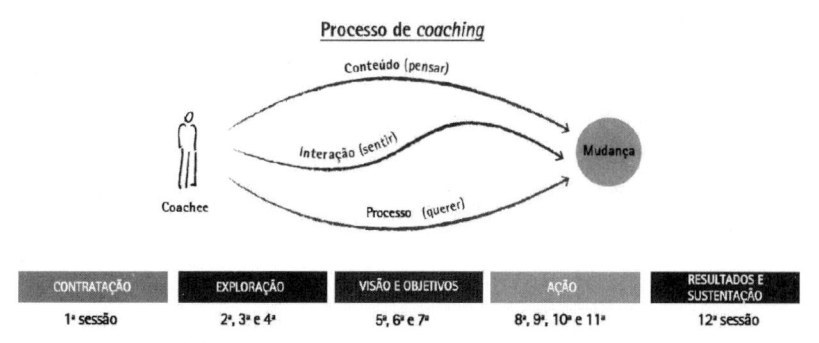

Processo de coaching

Conteúdo (pensar)

Coachee — Interação (sentir) — Processo (querer) → Mudança

CONTRATAÇÃO	EXPLORAÇÃO	VISÃO E OBJETIVOS	AÇÃO	RESULTADOS E SUSTENTAÇÃO
1ª sessão	2ª, 3ª e 4ª	5ª, 6ª e 7ª	8ª, 9ª, 10ª e 11ª	12ª sessão

*Este modelo é baseado no Processo Decisório desenvolvido no NPI e cedido ao Brasil através de Daniel Burkhard. Foi aplicado no processo de mudança cultural de uma grande Instituição Financeira.[1]

Primeira — Contratação

A coisa mais importante a se fazer nesta etapa é alinhar as expectativas do processo. O que o *coachee* espera do processo? Na maioria das vezes o desafio do *coach* é transformar uma demanda genérica, como a do autodesenvolvimento, por exemplo, numa questão específica.

Desenvolver o quê? Por que? Para que?

Em se tratando de um tema *externo*, como o de melhorar os resultados da equipe dele, também valem as mesmas perguntas.

É comum a primeira questão explicitada não refletir exatamente a demanda real do *coachee*.

É preciso estabelecer um compromisso de trabalho. Verificar o quanto o *coachee* quer realmente estar ali, sem o engajamento do *coachee* no processo, não há como trabalhar. Será que ele está ali porque o chefe mandou, o RH o estimulou? É um processo pelo qual todos os executivos estão passando, e, para não ficar *feio,* ele também entrou? Ele procurou o processo com as próprias pernas? São questões importantes de que o *coach* precisa estar ciente. O quanto o *coach* pode ajudar, depende fundamentalmente da *permissão* que o *coachee* lhe dá e da permissão interna que ele dá a si mesmo.

O *coach* pode perguntar ao *coachee* o que ele espera do *coaching*. *Feedback*, transparência, provocações, são respostas comuns de quem está a *fim* do processo.

É claro que ao longo do processo esta permissão pode e deve ser repactuada, às vezes explicitamente, outras implicitamente.

É o *coachee* que escolhe o caminho da conversa, o que discutir ou o que não discutir, e não o *coach*. Mas este deve ajudar o *coachee* a analisar as consequências ao se discutir isso e não aquilo. De avançar ou de desviar.

Numa relação de *coaching*, como em todas as relações, existem limites. Os limites precisam ser respeitados, mas com a consciência das consequências, de não avançá-los em relação ao objetivo a que o *coachee* se propôs.

Talvez discutir o sentimento de medo que o *coachee* tem em relação à determinada situação seja bastante desconfortável para ele. Mas, ao não olhar para isso, a tendência é de o sentimento seja mantido, em vez de superado. Cabe ao *coachee* lhe questionar se quer e quando quer falar sobre o tema. Assim, se foi combinado na contratação, cabe ao *coach* provocá-lo e estimulá-lo a olhar para os temas difíceis.

Nesta sessão de contratação, também é comum definir questões de logística, agenda, frequência, periodicidade etc.

Intervalos de quinze dias entre as sessões costuma ser o ideal. Com mais de trinta dias é difícil manter um processo. Menos de uma semana é pouco para a implementação de ações, bem como para o processo interno de reflexão e preparação. Como disse antes ciclos entre 8 e 12 sessões costumam ser o mais comum.

Um roteiro básico para uma sessão de contratação:

- Apresentações;
- Alinhamento de expectativas;

- Acordos de trabalho;
- Situação atual do *coachee;*
- Definição de temas e objetivos;
- Próximos passos/trabalho e exercícios entre as sessões;
- Agenda.

Colocando na forma de perguntas:

- Qual a sua expectativa em relação ao processo?
- O que gostaria de receber do *coach*?
- Qual a sua contribuição para o processo?
- A que se propõe a disponibilizar para o processo?
- Com que questões está chegando aqui?
- Quais objetivos pretende atingir?
- Quais devem ser nossas regras/acordos de trabalho?

Segunda— Exploração/Diagnóstico

Esta fase é extremamente importante e, se bem-feita, garante a qualidade das iniciativas e das ações futuras.

O diagnóstico é realizado para que o *coach* possa ajudar o *coachee*, porém, muito mais do que isto, é feito para que o *coachee* veja a si mesmo ou à situação em que se encontra, de maneira mais profunda e sob pontos de vista diferentes. Para que ele possa *se ajudar* e encontrar soluções alternativas.

O *coach* deve fazer perguntas que desvelem a situação. Questionando quais os fatos, os sentimentos, as intenções, o que acontece, por que acontece e desde quando. Ou, ao tentar fazê-lo entender a si mesmo, interrogar seus pontos fortes e fracos, suas motivações e a importância disso tudo.

O processo de construção do diagnóstico pode ser apoiado por instrumentos de avaliação. Uma Avaliação 360°, por exemplo. Um MBTI, *Disk*, ou outro *assessment*. Valem também, exercícios de reflexão, como detalhar a história de vida dele e entrevistar pessoas que lhe possam dar um *feedback* entre as sessões.

São vários os instrumentos disponíveis, mas não imprescindíveis. O principal continua sendo o diálogo, contudo os demais podem enriquecer, e muito, o diagnóstico. Também não é possível ficar o tempo todo só fazendo perguntas. O *coach* também precisa dizer como vê a situação, o que percebe, e checar suas avaliações com o *coachee*. E é importante que os *insights* aconteçam na zona da conversa pública dos dois e não fiquem apenas nas conversas privadas.

Em processos mais longos, pode-se investir duas ou mais sessões para o diagnóstico. É o caso, por exemplo, de quando usamos uma abordagem biográfica[1], trabalhando com a história de vida do *coachee*.

De uma sessão para a outra, o *coachee* prepara seu Mapa de memórias[1], responde algumas perguntas prévias, e durante a sessão compartilha seus eventos biográficos. O *coach* o ajuda a identificar padrões, talentos, limites e motivações presentes em sua biografia. Uma Avaliação 360° estruturada também pode ocupar toda uma sessão durante a análise.

O importante aqui é não perder a conexão com a questão inicial e os temas contratados. É comum que, à medida que o *coachee* olhe de maneira sistêmica o seu processo, as questões iniciais mudem de perspectiva. Às vezes são ampliadas, em outras, mais focadas, ou até mesmo trocadas.

O *coachee* pode chegar com o tema Administração do tempo e a questão ser transformada em Delegação. Ou, ainda, ele acentua o excesso de trabalho, o equilíbrio da vida profissional e pessoal, e descobre que está chegando tarde em casa porque o casamento faliu e é melhor chegar

Capítulo 7 – O Processo de Coaching

tarde, porque é quando a mulher e/ou o marido já dormiu. São situações comuns.

Perguntas com foco no desenvolvimento:

- Quem é você?
- Qual a sua história?
- Quais as suas competências?
- Quais os pontos fortes/fracos?
- Quais são seus valores?
- Etc.

Perguntas com foco na *performance*:

- O que está acontecendo?
- Quais são os fatos?
- Quem está envolvido?
- Quais as dificuldades?
- O que você já tentou?
- Etc.

Terceira — Construção da Visão ou dos Objetivos

Nesta etapa, vamos construir a situação desejada pelo *coachee*.

Se temos um projeto que não está indo bem, retomando a expectativa inicial, o que deveria acontecer para que tudo corresse bem?

Cronograma sendo cumprido, menos retrabalho, sem conflitos, utilização dos *key users* etc., são instrumentos que podem nos ajudar a construir uma imagem da situação desejada.

Se o caso for o de um processo de desenvolvimento ou de orientação de carreira, você, *coach*, pode questionar ao *coachee*: — Como você se vê daqui a cinco anos? Que competências e habilidades não tem hoje e que gostaria de ter daqui a três anos? Que cargo gostaria de estar ocupando?

Quanto de reserva financeira você gostaria de ter? Que países gostaria de ter conhecido? Onde quer estar morando? Fisicamente, como gostaria de estar? etc.

O papel do *coach* é ajudar o *coachee* a estabelecer seus objetivos de maneira clara e inspiradora.

Basicamente, o *coach* faz isso a partir de duas dimensões. Uma que vem do passado para o presente — do que o *coachee* tem hoje. E a outra, quanto ao futuro — o que ele não quer ter. Incômodos, preocupações, problemas etc., são exemplos com os quais, na situação futura, ele não quer conviver mais.

Como na piada do *clássico* modelo motivacional das duas cenouras. Uma cenoura à frente e outra *atrás* para motivar as pessoas. Primeiro, falando da cenoura de trás — simboliza o que nos impulsiona a avançar, mudar em função do desconforto que nos causa. A outra dimensão é a cenoura da frente — coisas que não existem hoje, mas que gostaríamos ou precisaríamos incorporar em nosso futuro. Aqui, podemos citar as competências que não temos hoje, a qualidade de vida, o status, a realização etc.

A partir dessas duas dimensões, com perguntas e exercícios, o *coach* ajuda o performer a definir claramente para onde ele quer ir. Podemos tanto estar falando de um projeto, de um problema ou de alguma situação que envolva toda a *vida* do *coachee*.

Precisa ser algo que o inspire, comprometa, que faça com que ele se sinta realmente motivado a perseguir. Algo que gere compromisso.

E o que é compromisso? Uma maneira de vê-lo é:

Quando lhe pergunto qual o seu compromisso para quinta-feira à tarde, você olha na sua agenda e responde "meu compromisso é tal". Compromisso é algo que está na sua agenda e que ocupa tempo.

Uma visão ou um objetivo é algo que se você abrir sua agenda vai encontrá-lo lá.

O exercício de construção de visão pode não ser fácil para o *coachee*. Principalmente se a fase anterior, a de exploração e diagnóstico, foi pobre. Muitos dos insumos da visão surgem a partir do diagnóstico, assim como a motivação do *coachee* para mudar se dá mediante uma consciência da sua situação atual.

Para muitos é mais fácil dizer o que não querem do que o que querem. Pode ser um caminho para começar. Às vezes você não consegue dizer se quer viver no campo ou na praia, mas consegue dizer que não quer viver na cidade.

Abrir mão de certas coisas faz parte do processo de escolha. O *coach* deve confrontar o *coachee* quanto a essas escolhas e as consequências delas.

Quarta — Ação

Construída a visão, podemos avançar para a criação das ações — projetos, atitudes que transformarão a situação atual na situação futura. Lembrando que, na maioria das vezes, esta é uma batalha cotidiana, construída passo a passo.

Se estivermos falando de uma visão de longo prazo, é preciso distinguir se vai plantar *macieiras ou alfaces*.

Uma macieira leva cinco anos até dar frutos. Alfaces, em três semanas já se pode comer uma salada.

Não adianta só estabelecer ações que vão levar anos para frutificar. Se você não *colher* algum resultado no curto prazo, provavelmente desistirá.

Se a sua visão de futuro envolve qualidade de vida, talvez você considere importante daqui a cinco anos ter uma casa no campo. Então, monta um plano financeiro para que, até lá, possa comprar a sua casa no campo. Mas você só vai ter qualidade de vida daqui a cinco anos? Esta é sua macieira. O que pode fazer para desfrutar de um pouco de qualidade de vida agora? Almoçar em casa com a família? Impossível! Pelo menos do jeito que a sua vida está organizada hoje. E fazer isso uma vez por semana? Talvez seja viável e você possa ter suas *alfaces* agora! E se você estiver tratando de um projeto cheio de problemas, atrasado com o cronograma? Do tipo em que percebe que conseguirá alinhar as entregas em relação ao cronograma inicial só daqui a oito meses. Não há alguma ação que você possa desenvolver para colher os resultados agora? Talvez com uma frente específica do projeto seja possível antecipar a entrega e os usuários comecem a se beneficiar.

Ou seja, é importante equilibrar o curto e o longo prazo. Com temas de desenvolvimento também é possível usar o mesmo conceito. Aprender um novo idioma, por exemplo, leva tempo, em média 800 horas de dedicação. Ou pouco mais de dois anos, se você dedicar duas horas por dia. Já administrar melhor o seu tempo, aprender a fazer uma avaliação de desempenho bem feita, leva uma fração disso. É importante considerar as duas dimensões.

Quanto à geração de ações, é importante o *coach* ter em mente que em um processo de *coaching* seu papel é diferente do gestor ou do conselheiro.

Como já dissemos, o *coach* está ali para ajudar o *coachee* a solucionar o problema, não solucionar por ele. O foco do *coach* é o *coachee*, não o problema.

Processo de Coaching

Problema
Como ajudar o *coach* a lidar com o problema?

Coach Coachee

Neste sentido, quanto mais a solução vier do *coachee*, melhor. O que não quer dizer que o *coach* não possa fazer sugestões, apresentar hipóteses, cenários etc. O ideal é que o processo de decisão esteja sempre com o *coachee*.

Assim, vale começar com questionamentos, como o que ele está pensando em fazer, o que já fez, quais os obstáculos, enfim, ajudar o *coachee* a identificar quais são os desafios a serem vencidos e quais os bloqueios.

Se o desafio é muito grande, ajude-o a fatiá-lo.

Se o *coachee* tem um bloqueio para lidar com determinada situação, não adianta tirá-lo da sua zona de conforto e levá-lo para a zona de pânico.

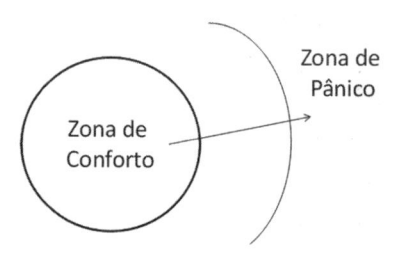

Zona de Conforto — Zona de Pânico

Supondo-se que ele tenha dificuldades para fazer apresentações, não adianta definir um plano de ação que inclua, em um de seus passos, uma apresentação para a diretoria em inglês (que, aliás, ele não domina bem). Dessa forma, vamos tirá-lo da zona de conforto e levá-lo para a zona de pânico.

Talvez seja melhor começar com uma apresentação dele para os seus pares. O tiramos da zona de conforto e o levamos para uma zona de tensão.

Zona de Conforto → Zona de Tensão (Zona de aprendizagem) — Zona de Pânico

Depois de um tempo, a zona de tensão se transforma numa zona de conforto. A apresentação para a diretoria que estava numa zona de pânico passa a ser uma nova zona, a de aprendizagem.

Ao fazer propostas, é importante tomar cuidado para que as sugestões não sejam vistas pelos *coachee* como as únicas, mas sim como possibilidades.

Algumas perguntas típicas desta fase são:

- Quais ações você precisa implementar para concretizar sua visão?
- O que você gostaria de fazer, mas não fez?
- Quais são os bloqueios para a ação?
- O que você gostaria de aprender com esta ação?
- Quais as dificuldades que encontra para executar esta ação?
- O que pode dar errado?
- Quem pode te ajudar?
- E se você fizesse...
- Etc.

Quinta — Sustentação e Resultados

O desafio nesta fase é estar junto do *coachee* enquanto ele implementa as ações compromissadas.

Capítulo 7 – O Processo de *Coaching*

- O que está funcionando e o que não está?
- Quais correções precisamos fazer?
- Quais as dificuldades?
- Quais os aprendizados?
- Como sustentar?

Para ilustrar, uma boa imagem é a do *coach* do time de basquete ou de vôlei, na beira da quadra. Ele está apoiando o time na execução dos planos táticos e na aplicação do que foi treinado, checando se as ações alinhadas estão acontecendo e as redefinindo, se for o caso. E, porque não, estimulando, inspirando, vibrando junto com os resultados alcançados.

Avaliação

As cinco etapas do processo de *coaching* já foram exploradas. Entretanto, vale ressaltar que geralmente se investe a última sessão, ou parte dela, para avaliar os resultados. Quais os objetivos combinados na contratação e o que, de fato, alcançamos.

- Os acordos foram cumpridos?
- O que foi aprendido?
- O que foi aplicado?

O *coach* pode pedir um *feedback* do *coachee*. O que ele gostou ou não gostou.
O desafio é sair do subjetivo e tentar objetivar.

- Quais os comportamentos novos que foram incorporados?
- Eles são percebidos pelos outros?
- Em que aspectos a organização se beneficiou por conta do processo?
- Em que sentido o *coachee* se beneficiou?

Por fim, este é o processo ao longo do *arco* de sessões. É claro que cada sessão tem suas demandas emergentes específicas. Como metáfora disso, há várias séries de televisão com um *arco* longo de histórias conectadas. Uma das mais populares era Arquivo X, o grande arco de história eram os ETs e suas interações com a humanidade. Mas, a cada capítulo, havia o monstro da semana, uma múmia, um vampiro etc. E os personagens, Mulder e a Scully, tinham que lidar com monstros e com a história que acontecia ao longo da temporada.

A múmia, o vampiro e a bruxa sempre tinham alguma conexão com os ETs.

Da mesma maneira, o *coach* deve *tratar* o monstro da semana. A bronca do chefe, a demissão do funcionário, o cliente difícil, e manter a conexão com o processo maior.

Não é difícil, já que o que acontece no micro acontece no macro.

Se você está na fase do diagnóstico, *aquele evento daquela semana* pode ser uma excelente oportunidade de ver as competências, os padrões e/ou os bloqueios aparecendo.

Ou, se estamos discutindo a visão de futuro, a situação pode gerar *insights* do que não queremos no nosso futuro ou do padrão que está se repetindo ali e que não queremos mais.

Nota

1 Ver livro *Liderando pela Essência*, de Jaime Moggi — capítulo As Fases de Desenvolvimento do Ser Humano.
2 *O Capital Espiritual das Empresas*, Daniel Burkhard e Jair Moggi. Elsevier, 2009.
2 Conceito extraído de *From Confort Zone to Performance Management*, Alasdair White, 2008.

Capítulo 8

Coaching e o Processo de Aprendizagem

O processo de *coaching* é em essência um processo de aprendizagem.

O *coachee* tem por objetivo aprender novos conceitos que o atentem à realidade de outro ponto de vista, novas habilidades, novos valores, bem como quais seus limites e potenciais.

1. No nível do pensar, temos um impulso para o conhecimento. Conhecer novas coisas, entender como elas funcionam. Talvez você seja uma dessas pessoas que compra mais livros do que é capaz de ler. E eles vão se acumulando ao lado da cama ou no *e-book*. Trata-se de um impulso para o conhecimento.
2. Outro impulso é para o desenvolvimento. *Desenvolver* aquilo que está envolvido, na busca do autoconhecimento, dos seus limites, seus potenciais. É quando a gente olha alguém fazendo um belo trabalho e diz: "Quero ser assim quando crescer". Quando procuramos um amigo para confidenciar nossa falta de habilidade para lidar com algo, estamos genuinamente procurando nos desenvolver.
3. O terceiro impulso é para o aperfeiçoamento. A primeira vez que você pinta a parede da sua casa, provavelmente as tomadas e interruptores são pintados também. Talvez, na segunda, você proteja interruptores com uma fita crepe.

Quando procuramos um caminho melhor para fugir do trânsito, estamos em busca do aperfeiçoamento naquilo que estamos fazendo. Alguns de nós temos um desses três impulsos mais conscientes do que os outros. E também vamos encontrar pessoas nas quais todos os três estão adormecidos.

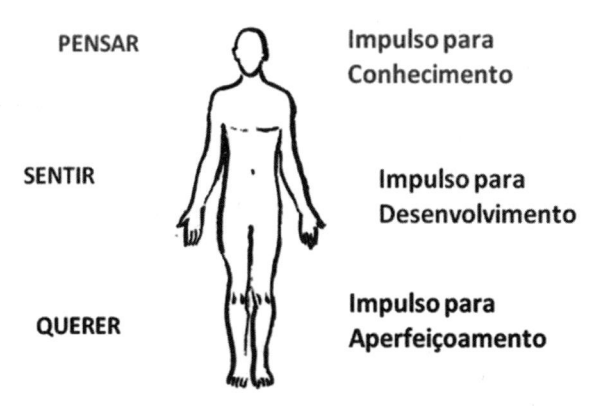

Capítulo 8 – *Coaching* e o Processo de Aprendizagem

PENSAR		Impulso para Conhecimento
SENTIR		Impulso para Desenvolvimento
QUERER		Impulso para Aperfeiçoamento

Extraído de *O despertar da Vontade* de Lex Boss

Como despertá-los? Parando de fazer aquilo que os adormece e criando condições para que eles se manifestem no trabalho.

Bernard Lievegoed, excepcional cientista social e médico da década de 1950, diz que para saber se uma pessoa é saudável, basta lhe fazer três perguntas:

- Você gosta do que faz?
- Você ama alguém?
- Você sente que é uma pessoa melhor agora do que era no passado?

Ele considerava que as saúdes física e psicológica estão atreladas à satisfação destes três impulsos de aprendizado.

Quando estes impulsos não encontram um caminho para se manifestarem, temos a desmotivação e o desengajamento das pessoas.

E o papel do *coach* é o de despertar no *coachee* estes impulsos. Para o *coach*, esse encargo envolve uma mudança de paradigma dolorosa, ou seja, a de abandonar um dos papéis mais amados na nossa cultura — o de professor. Desafio que se resume na frase que ouvi pela primeira vez de um dos meus sócios, pronunciada em um curso da Adigo.

O desafio é mudar de o *sábio sobre o tablado*, para o de *guia ao seu lado*.

Na nossa cultura temos poucos exemplos deste *guia* e muitos do *sábio sobre o tablado*. Um bom exemplo de guia é o de Virgílio, em *A Divina comédia*, de Dante Alighieri, que acompanha Dante em sua jornada pelos mundos inferiores.

Virgílio orienta, dá apoio e, mesmo quando Dante mostra sua pior face, mesquinha e egoísta, continua a acreditar nele. E quando finalmente eles saem dos mundos inferiores, Virgílio o deixa, já que não pode acompanhá-lo ao paraíso.

Trata-se de uma mudança de papel que, para ser exercida exige dos *coaches* duas coisas. Primeiro, um profundo conhecimento do ser humano de maneira geral e depois, da pessoa que estamos apoiando, em particular.

Talvez o primeiro passo seja entender que os seres humanos são diferentes e portanto aprendem de maneiras distintas.

A diferença mais óbvia é a de que um adulto aprende de maneira diferente da criança.

Para a criança, como disse John Locke, teríamos uma *tábula rasa*. Uma esponja que assimila o mundo com volúpia e desejo. Já viu uma criança brincando com um quebra-cabeça? O prazer e a disposição para tentar e *retentar* estão nos seus olhos.

Já para o adulto, podemos usar a imagem do mosaico. Um mosaico construído ao longo de anos, com carinho e dedicação. Quando recebemos uma pedra nova, precisamos mexer nesse mosaico a fim de que possamos encaixá-la da melhor maneira. E, quanto mais diferente ela for, mais mudará o nosso querido mosaico.

Conceitos diferentes dos habituais geram grande resistência e antipatia e por isso a educação de adultos é um desafio tão grande. A Andragogia[1] ainda é uma ciência cujos caminhos estão sendo trilhados.

Capítulo 8 – *Coaching* e o Processo de Aprendizagem

1. **O caminho da instrução**[2] **(o mais tradicional):**
   No caminho da instrução os conceitos nos são oferecidos.

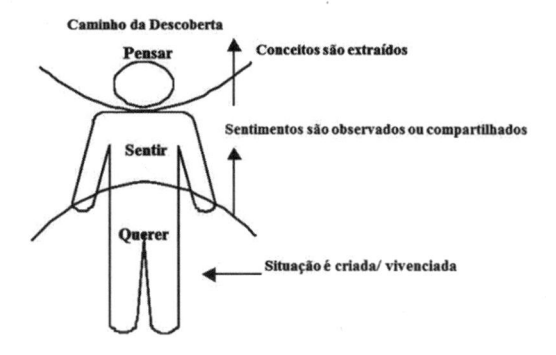

   Avaliamos, ponderamos e digerimos estes conceitos que depois serão aplicados à nossa prática.

2. **O caminho da descoberta** (onde uma situação é vivenciada): Este nos provoca sentimentos que podemos observar ou, preferencialmente, compartilhar com outro(s), podendo então extrair conceitos que deverão ser aplicados.

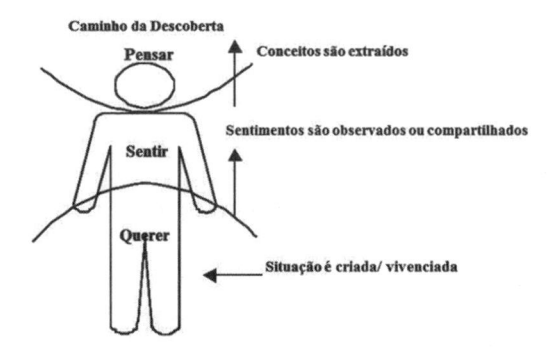

Um bom exemplo do *caminho da instrução* pode ser o seguinte. Você está lendo este artigo. Conceitos lhe são oferecidos. Em função das suas experiências anteriores, você os avalia e tenta encaixá-los no seu mosaico.

Faz sentido? Não? Interessante? Muito teórico, não funciona na prática? Ou vale a pena aplicar? Digamos que seu chefe goste muito dos conceitos trazidos aqui. Ou, em vez dele, uma pessoa que você respeita os tenha recomendado. Não faz muito sentido para você, mas você pensa "Vou dar uma chance, quem sabe funciona". Em função dos seus julgamentos, você pode passar a aplicá-los na vida real ou não.

Já como exemplo sobre o *caminho da descoberta*, digamos que você tem um diretor novo e vai apresentar um projeto a ele pela primeira vez. Marca logo na primeira hora da manhã. Ele está muito mal humorado e o projeto é rejeitado. Outro dia, você reapresenta o projeto, porém na parte da tarde, e ele está muito receptivo. O projeto é aprovado. Você tem outra experiência e, mais uma vez, de manhã ele não te ouve, mas à tarde sim. Compartilha isso com um colega que passou por situação parecida.

Você extrai um conceito em decorrência dessas experiências. Com este diretor, é melhor apresentar novas ideias à tarde, e não de manhã. Simples assim!

Nenhum dos caminhos é superior ao outro e cada qual tem seus riscos.

Os riscos do *caminho da instrução* são a inflexibilidade e a não adaptabilidade ao mundo real. Podemos nos apaixonar por um conceito e o adaptarmos à nossa realidade, em vez de tentar o contrário. Outro risco é apenas memorizarmos e reproduzirmos um conceito sem a verdadeira aprendizagem. Tal como *passarmos* na prova e depois esquecermos.

Quanto ao *caminho da descoberta*, os riscos podem ser vistos no fato de que, às vezes, o mundo real não permite o erro. Ou ainda, quando passamos por determinada experiência repetidas vezes, mas sem consciência, e portanto sem aprendizagem.

O *coach* trabalha essencialmente com o *caminho da descoberta*.

Capítulo 8 – *Coaching* e o Processo de Aprendizagem   61

A maior parte de nós executa suas atividades de maneira automática e inconsciente. O papel do *coach* na aprendizagem é estimular o *coachee* a olhar para aquilo que ele fez, o que aconteceu e quais conceitos/aprendizados podem ser extraídos daquela experiência. Se fizermos isso sozinho não é incomum irmos na emoção e nos padrões de pensamento automático repetitivo dos conceitos já testados pela nossa experiência.

Você faz a apresentação de um projeto que é rejeitado pela diretoria. Talvez o conceito que extrai dessa experiência seja a de que a diretoria não gosta de você, ou que ela não tem a competência para captar o argumento.

Com a ajuda do *coach* talvez você possa perceber que, neste contexto cultural, os projetos precisam ser alinhados um a um com os formadores de opinião, antes de expostos a uma reunião de diretoria, o que acaba se tornando apenas um ritual pró-forma para a aprovação do projeto.

Vale olhar para aquilo que fizemos com espírito crítico e responder o que poderíamos ter feito diferente para enxergar outra realidade da situação.

No *caminho da descoberta*, o *coach* pode desenhar junto com o *coachee* situações de aprendizagem.

Certa vez, o presidente de uma multinacional alemã trouxe o seguinte caso:

O sucessor do presidente já estava definido, seria o diretor financeiro, que era um craque em finanças, entretanto nas reuniões de diretoria pouco participava das discussões dos negócios. Só se sentia à vontade quando a discussão era sobre números. Começou então um processo de *coaching* com o, até então, diretor financeiro.

Em uma sessão conversou-se sobre a dificuldade dele em contribuir com os temas que não dominava.

Foi sugerido que ele visitasse alguns clientes.

— A área comercial não deixaria, ficaria preocupada.

— E se você visitar os clientes perdidos? Talvez, como já estão perdidos mesmo, não vão achar que possa atrapalhar algo. Vou perguntar para o diretor da área e te digo na próxima sessão.

— Perguntou?

— Sim, e ele disse: "Vai com Deus e boa sorte" [risos]. Desenvolveu-se então o que ele faria nesses contatos. Montou-se um roteiro de entrevista.

Ele começou a ligar para os clientes e, é claro, o gerente de compras dos grandes varejistas não atenderia mais, se o contato fosse com o vendedor da empresa. Mas o diretor financeiro de uma das maiores empresas do mundo, ele atendia. E a cada sessão, ele trazia os conteúdos. Conversamos e discutimos o significado das respostas.

Andando pelos corredores da empresa, depois de alguns meses, ao cruzar com o presidente da multinacional, perguntei o que aconteceu com o *suposto* sucessor. Brincando, mas satisfeito, me disse: — Ele virou um pentelho. Quer saber por que o nosso pós-venda não funciona. Tem mil sugestões de novos produtos, ninguém mais aguenta! [risos]

Trata-se de uma atitude concreta no mundo real. Através do *caminho da descoberta*, ele adquiriu uma profundidade sobre o assunto que em nenhum curso pelo *caminho da instrução* conseguiria chegar.

É preciso, portanto, desenhar as oportunidades de aprendizagem que estão à disposição do *coachee* e que não são vistas como tais.

As reuniões do dia a dia, as apresentações de projeto, a integração de novos funcionários, as avaliações de desempenho... Tudo pode ser levado em consideração.

Transformar atividades em oportunidades de aprendizagem não é difícil.

O segredo é tomar uma atividade que é feita de maneira automática e trazer consciência para ela.

Podemos olhar para o processo de aprendizagem como um processo de consciência.

Capítulo 8 – *Coaching* e o Processo de Aprendizagem

```
                              ┌─────────────┐
                              │ Inconsciente│
                              │ Competente  │
                    ┌─────────┴─────────────┘
                    │ Consciente  │
                    │ Competente  │
          ┌─────────┴─────────────┘
          │ Consciente  │
          │ Incompetente│
┌─────────┴─────────────┘
│Inconsciente │
│Incompetente │
└─────────────┘
```

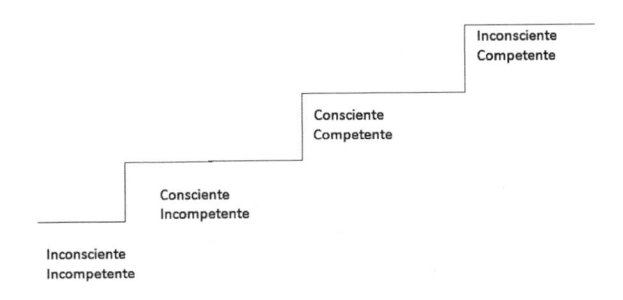

Conceito desenvolvido por Noel Burch na década de 1970, na Gordon Training International, *Four stages for learning any new skill*

Quando você está no primeiro degrau do processo, as atividades são realizadas de maneira inconsciente. Podemos dizer que estamos num estágio que chamamos de *inconsciente/incompetente*. Fazemos as coisas de maneira automática e achamos que estamos abafando. Exemplo:

— "Dei um *feedback* para meu funcionário".

Na verdade, quer dizer:

—"Dei um *esporro* no coitado que não serviu pra nada, além de desmotivá-lo".

Quando trazemos consciência para as atividades, vimos que o *feedback* exemplificado aqui não foi baseado em fatos reais, foi superficial, desqualificou a pessoa, em vez de focar na tarefa. Foi feito na hora errada e de maneira incorreta.

Passamos então para a fase seguinte. Vamos dar outro *feedback*. Mas como os hábitos antigos são difíceis de mudar, fazemos então do mesmo jeito. Somos *conscientes, mas incompetentes*.

Esta fase é difícil — nos sentimos péssimos, sabemos que estamos fazendo errado, mas com esforço, treino, tentativa e erro, passamos para a terceira fase: a de *conscientes e competentes*:

—Vou dar um *feedback* hoje. Me preparo, estruturo a conversa, e quando ela acontece me mantenho focado e faço um bom *feedback*.

Voltar para o degrau anterior é fácil, mas se mantivermos a disciplina e insistirmos em manter consciência no processo, ele se transforma numa ação consciente. Depois de um tempo, se realizarmos o processo de forma consciente, passamos para o último degrau: o do *inconsciente/competente*.

Faremos a nossa conversa de *feedback* da maneira correta, sem esforço, com naturalidade, segurança e sem pensar.

Este processo acontece em todas as atividades. Desde as mais simples e mecânicas, como andar de bicicleta e dirigir um automóvel, até as mais complexas, como facilitar a discussão de um grupo, inspirar pessoas etc.

O desafio do *coach* é ajudar o *coachee* a fazer este caminho, a aprender!

Nota

1 Andragogia, conceito atribuído a Malcom Knowles, diz respeito à educação de adultos. Uma vez que o indivíduo já formou autoconceito e discernimento sobre as coisas, torna-se adulto. Por esse motivo suas experiências e percepções devem ser valorizadas em seu processo de aprendizado.

2 Caminho da instrução e Caminho da descoberta são conceitos extraídos da obra de Goeraad Van Houten *A Formação de Adultos como o Despertar da Vontade*, Centro de Formação de Professores — Escola Waldorf R. Steiner, São Paulo

Capítulo 9

Talentos e Caricaturas

Como coach, há uma série de modelos e/ou conceitos que podemos usar para ajudar o coachee a se perceber e a entender a realidade em que ele está inserido. A compreensão é um primeiro passo para a mudança, como diz o TAO[1], "saber e não fazer, ainda é não saber". Em sua obra *Werte— und Entwicklungsquadrat*, P. Hellwig and F. Schulz von Thun propõe um modelo explorado por Daniel Ofman em *A Gateway to Human Resources*, que com algumas adaptações, temos usado com sucesso. Este modelo foi trazido para o Brasil pela consultora Annemarie van der Meer em 2006, em um programa da Adigo.

Para introduzir o modelo, podemos começar nos perguntando: o que é um talento?

Talento

A resposta mais simples seria a de que talento é um dom, uma qualidade. É algo que fazemos bem, com naturalidade, o que para outras pessoas parece difícil.

Alguns de nós temos o talento de organizar coisas, de falar em público, de se engajar, de relacionar-se com desconhecidos etc.

Do ponto de vista biográfico, a maior parte dos talentos que são facilmente reconhecidos pelas pessoas à nossa volta fazem parte do núcleo central da nossa personalidade.

Muitos talentos costumam aparecer cedo na biografia. Minha sobrinha, desde criança desenhava muito bem: não era difícil ver que a Arquitetura e as Artes seriam possibilidades de realização profissional no futuro. Como acabou acontecendo, e ela se tornou uma arquiteta talentosa.

Olhe para as crianças com quem você convive, para seus filhos, sobrinhos ou outras. Provavelmente vai identificar qualidades ou talentos desde a mais tenra infância.

Grandes vendedores, por exemplo, ao resgatarem a infância, não é incomum encontrarem eventos nos quais

Capítulo 9 – Talentos e Caricaturas

a troca e a negociação estavam presentes. Desde aquela criança que negociava suas figurinhas do álbum, até aquela que vendia ou trocava suas revistas em quadrinhos ou conquistava namoradas a granel. Ou um grande chefe de cozinha que ajudava a mãe na preparação da comida.

Segundo Aristóteles, "Onde nossos talentos e as necessidades do mundo se encontram, lá está o nosso destino". Claro que nem sempre isso acontece na hora certa. Às vezes um dos dons, ou dos *talentos*, encontra a oportunidade para se desenvolver, e o outro fica adormecido, se transforma em hobby ou em uma frustração.

Os talentos podem ser muito diferentes de pessoa para pessoa.

Às vezes temos vários talentos procurando uma maneira de se manifestarem.

Algumas personalidades da história humana ficaram marcadas pela quantidade dos seus talentos.

A Renascença foi o período histórico em que o modelo de ser humano era o de homem completo. Um homem que possuísse em si todos os talentos. Este homem completo, é claro, nunca existiu. Will Durant, no seu livro *A História da Filosofia*, ao encerrar um capítulo com uma pequena biografia de Leonardo Da Vinci, diz:

> "Quem somos nós para podermos julgar Leonardo? Quem de nós possui tantos talentos como ele? É verdade que não podemos dizer que Leonardo foi o maior pintor da Renascença. Rafael e Ticiano foram, no conjunto da obra, muito maiores que ele. Não podemos dizer que foi o maior escultor entre seus contemporâneos, Michelangelo foi muito maior. Não podemos dizer que foi o maior filósofo, Maquiavel e Guicciardini foram muito mais influentes. E com certeza deve ter havido engenheiros militares melhores que Leonardo. Mas em cada um destes campos, Leonardo fez pelo menos uma obra que se rivalizava com o melhor.

Se Rafael e Ticiano foram melhores pintores, que obra de Rafael ou Ticiano é mais conhecida que a Monalisa? Que obra deles tem a profundidade da Santa Ceia de Da Vinci? Se Michelangelo foi maior escultor, a escultura mais famosa entre seus contemporâneos não era nenhuma das esculturas de Michelangelo e, sim, o cavalo de gesso que Leonardo fez para o Duque Ludovico Sforza. Se Maquiavel e Guicciardini foram filósofos mais influentes, a concepção de Deus, de Leonardo, foi a mais profunda feita até então e assim permaneceu até o advento de Spinoza.

Se houve engenheiros militares melhores que Leonardo, foi a ele que Ludovico Sforza, Cesar Borgia e Francisco I de França escolheram como seu engenheiro. Não podemos sequer dizer que ele foi um homem completo. As qualidades de escritor e estadista, por exemplo, não encontravam guarida no seu intelecto. Mas podemos dizer que Leonardo foi o homem mais completo da Renascença. Talvez de toda história".

É claro que não temos a multiplicidade de talentos de Leonardo, mas costumamos ter mais de um talento visível.

E quando entramos no mundo organizacional, o que acontece?

O que a empresa faz com um jovem com um talento bem aparente? Explora! O usa! No bom e no mau sentido.

Se você tem na equipe um jovem analista que possui talento para organização, o que você faz? É claro, lhe dá tarefas em que ele possa usar este talento.

Se você tem talento para decidir, o que é um talento raro, você avalia as informações que tem e toma decisões rapidamente. Ou se você é um grande planejador, é capaz de antecipar problemas, estabelecer uma ordem racional e lógica do que precisa ser feito. As organizações, na figura dos seus líderes e gerentes, vão lhe criar o palco para mostrar esses talentos.

E nós subimos na hierarquia das organizações em função dos resultados que alcançamos através dos nossos talentos.

Depois de um tempo, há um fenômeno comum no qual está nossa fortaleza. Mas esta vantagem competitiva pode se tornar um problema. É quando esses talentos se convertem em uma caricatura.

Caricatura

O que é uma caricatura? É uma imagem baseada na realidade, em que uma ou mais características são colocadas em excesso.

Um chargista ou humorista faz isso com as celebridades, ao desenhá-las com um nariz ou orelhas enormes.

O personagem real tem um nariz realmente avantajado, mas o caricaturista faz aquele nariz ficar enorme. Destaca aquilo que já é proeminente.

Um caricaturista faz o nariz do apresentador Luciano Huck, ou os erros de português do ex-presidente Lula, maiores do que são, de modo a ofuscar outras características. Com nossos talentos, isso também pode acontecer.

Desde criança, sempre gostei de falar em público. Nas reuniões da igreja protestante dos meus pais eu sempre ia à frente fazer a leitura da bíblia. Nos encontros regionais das diversas igrejas, certa vez, aos 10 anos, fui convidado a ler a bíblia para três mil pessoas. Um talento que foi se desenvolvendo ao longo da vida.

Quando entrei na faculdade de Psicologia e os professores deram o primeiro trabalho em grupo era preciso dividir as tarefas. O que eu disse às meninas do grupo? Deixa que eu apresento! Foi um sucesso.

Todos os trabalhos em grupo que apareciam eu me prontificava a apresentar.

Até que, no início do terceiro ano, fui procurar um dos grupos que habitualmente fazia as coisas comigo, e as meninas falaram: "Olha, não vai dar para aceitar você no grupo, ele já está completo". Fui procurar outro grupo e foi a mesma coisa. Nenhum grupo da classe me queria. Tive que fazer os trabalhos sozinho.

O que havia acontecido com meu talento de falar em público? Havia se transformado em outra coisa.

No primeiro ano diziam: "Nossa, como ele fala bem!". No terceiro: "Ele é vagabundo, parasita, não faz nada e só quer aparecer". O meu talento havia se transformado numa caricatura.

É muito comum essa situação acontecer na carreira das pessoas. Aquele jovem que tinha o talento de decidir, de analisar os fatos, de rapidamente tomar uma decisão, vai sendo promovido justamente por possuir estas qualidades. Até que, certo dia, o talento do jovem se transforma numa caricatura. Ninguém mais diz que ele toma decisões corretas e rápidas e sim que ele é centralizador, não ouve ninguém ou, então, que é autoritário.

Aquela jovem que é uma grande planejadora, de repente começa a ser vista como burocrata, convencional, roda presa etc.

Certa vez tinha como cliente uma grande empresa de consumo, cuja área Comercial era um sucesso. Mas, como é comum em áreas comerciais, desorganizadas e indisciplinadas. A matriz, depois de perder a confiança nos números e relatórios que vinham de todo o Brasil, demitiu o vice-presidente Comercial e convocou o vice de Tecnologia, reconhecido pelo seu talento para a organização e entrega de projetos nos prazos e parâmetros definidos.

Não se passaram três meses e havia um motim instalado na área Comercial — vendedores pedindo demissão, debandada de clientes importantes para a concorrência, ambiente cheio de fofocas, intrigas.

O talento acerca de organização e controle que havia colocado o novo VP Comercial se transformou numa caricatura perfeita do burocrata por trás de uma mesa. Preocupado apenas com os relatórios e não com os clientes.

Capítulo 9 – Talentos e Caricaturas

Mas se existe uma caricatura, há outra dimensão que nos ajuda a completar este modelo, que é a alergia.

Alergia

Uma alergia, do ponto de vista médico, é uma reação exagerada. Se você é alérgico a camarão ou a pasta de amendoim, basta ingerir uma pequena quantidade e será atacado por erupções na pele, talvez fique sem respirar e, em casos mais graves, pode até morrer.

No conceito abordado aqui, alergia é diretamente o oposto do talento. Quem tem o talento de organização, talvez tenha alergia a pessoas desorganizadas.

O sujeito que tem como talento tomar decisões rápidas é alérgico a pessoas que planejam ou que gostam de pensar muito bem antes de agir. Quando interagem com pessoas assim numa reunião, é como se tivessem urticária. Pequenas doses daqueles comportamentos provocam uma reação interna ou externa exagerada. Tendo sentimentos como raiva, antipatia ou desdém.

Muitas pessoas são alérgicas a conduta de outras, por medo de que possam ter o mesmo comportamento escondido profundamente dentro de si.

É comum terem o medo irracional de serem vistos daquela maneira.

O sujeito com o talento de decidir costuma ter o medo profundo de ser visto como indeciso.

Aquele que tem o talento de ser assertivo, de ir direto ao ponto, tem medo de ser visto como enrolão, *político*.

E, para completar a linha de raciocínio do nosso modelo, temos a tarefa de desenvolvimento.

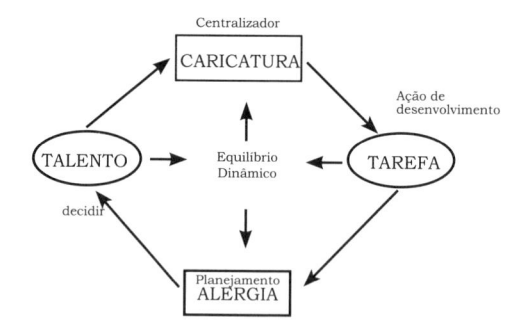

```
                    Centralizador
                    ┌──────────┐
                    │ CARICATURA│
                    └──────────┘
                         ↑                    Ação de
                         │                    desenvolvimento
    ┌─────────┐     Equilíbrio      ┌────────┐
    │ TALENTO │ →   Dinâmico    ←   │ TAREFA │
    └─────────┘                     └────────┘
       decidir
                         ↓
                    ┌──────────┐
                    │Planejamento│
                    │  ALERGIA  │
                    └──────────┘
```

Tarefa

A tarefa é o oposto positivo da caricatura e da alergia. É um bom complemento para os talentos.

Mais propriamente dita, a tarefa de desenvolvimento fornece um equilíbrio para alguém que, por exemplo, tem o talento de tomar decisões — visto como centralizador — e alergia a pessoas que planejam e avaliam profundamente a situação. Nesse caso, ele pode ter como tarefa envolver mais pessoas no seu processo decisório. Numa conversa de *coaching*, podemos desdobrar isso em tarefas mais específicas.

Consultar duas pessoas da equipe durante a construção do *budget* da área, por exemplo. Ou, quando da seleção de alguém para a sua equipe, pedir que outros também entrevistem os candidatos e opinem.

Em se tratando de alguém com o talento de planejamento, detalhismo e organização, não seria incomum obtermos uma caricatura de frieza e do tipo que não liga para as pessoas.

O desafio aqui poderia ser o de se aproximar mais das pessoas. Também é possível um desdobramento junto com o *coachee* em pequenas tarefas de desenvolvimento.

Almoçar com alguém da equipe, em vez de almoçar sozinho. Dizer "Bom dia", ao chegar de manhã. Esta atitude, eu sei que parece hilária, porém é mais comum do que você pensa.

Capítulo 9 – Talentos e Caricaturas

O desafio de desenvolvimento é, portanto, implementar tarefas que ajudem a equilibrar o *sistema*, amenizando caricaturas, conflitos e as alergias.

Equilíbrio

Quando talento se encontra com talento, obtemos inovação e resultados. Mas, caricaturas se relacionando com alergias geram conflitos.

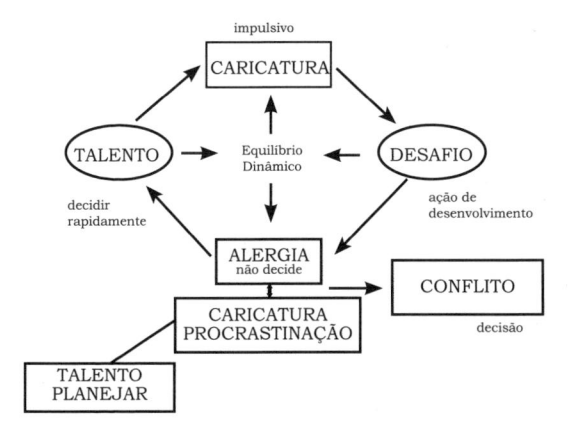

```
                    impulsivo
                   ┌──────────┐
                   │CARICATURA│
                   └──────────┘
                        ↑
  ┌───────┐        Equilíbrio      ┌───────┐
  │TALENTO│ ──→    Dinâmico    ←── │DESAFIO│
  └───────┘                        └───────┘
   decidir             ↓              ação de
   rapidamente                        desenvolvimento
                  ┌──────────┐
                  │ ALERGIA  │
                  │não decide│──→  ┌────────┐
                  └──────────┘     │CONFLITO│
                  ┌──────────────┐ └────────┘
                  │  CARICATURA  │   decisão
                  │PROCRASTINAÇÃO│
                  └──────────────┘
        ┌─────────┐
        │ TALENTO │
        │PLANEJAR │
        └─────────┘
```

As tarefas ajudam nesse processo, podendo tornar a relação produtiva.

E às vezes, pequenas mudanças no comportamento podem mudar significativamente o sistema.

Um jovem executivo, recém-admitido numa empresa de consumo, queixava-se de que não era ouvido na empresa. Fora contratado porque tinha passado por uma grande empresa num mercado semelhante na qual fez inúmeras inovações. Mas, toda vez que tentava trazer uma proposta nova, era hostilizado.

Só pude ajudá-lo quando, ao facilitar uma reunião de negócio, observei *in loco* seu comportamento. Toda vez que ele fazia uma sugestão, começava a frase dizendo: "Lá na [*nome da empresa anterior*], fazíamos...". Que sentimento isto provocava nas pessoas ao redor? Não precisa ser telepata para saber o que elas pensavam: "Se lá era tão bom, porque você não volta pra lá?". Quando chamei a atenção dele para isto, ele cortou a frase inicial das suas intervenções. A partir daí, a tensão com o grupo começou a diminuir, e a caricatura, a se descristalizar.

Já encontrei executivos nos quais a caricatura estava tão cristalizada que as mudanças de comportamento que eles imprimiam no dia a dia não eram percebidas pelo grupo. A única solução para continuarem as suas carreiras foi trocar de emprego e começar de novo.

Quando existe a troca de ambiente o sistema zera. Mas é importante lembrar que a cultura da organização determina muito do que é valorizado ou não.

Tenho clientes que, se você fizer uma crítica dura no meio de uma apresentação, é provável que ao final o diretor de RH te chame de lado para dizer: "Não são assim que as coisas funcionam aqui".

Tenho outros que você, ao apresentar, precisa estar preparado para ser *testado* e ironizado em qualquer pequeno deslize.

Dependendo da cultura organizacional, uma característica de agressividade pode ser um talento ou uma caricatura.

Lembro-me de um cliente com quem trabalhamos em um processo para descristalizar a caricatura de frio e agressivo que ele havia construído.

Sua assertividade havia se desgastado do talento para a caricatura. Fizemos algumas sessões, mas no meio do processo ele trocou de emprego para uma posição equivalente. Nesta outra organização, passados alguns meses, fiz um *teambuilding* com a equipe de que ele fazia parte. E, em um exercício de *feedback* que conduzi com o grupo, fiquei impressionado em como era reconhecido pelo grupo por sua assertividade e simplicidade ao colocar sua opinião.

Ao perguntar o que aconteceu, ele me disse: "Jaime, juro que as mudanças que fiz foram feitas no nosso último processo de *coaching*. Comportei-me como estava me comportando na outra empresa. O problema é que nunca vi uma cultura tão dura quanto esta. O meu jeito aqui é fichinha para eles". Seis meses depois, ele foi promovido e assumiu a direção do grupo.

É importante lembrar que os desafios, como o próprio nome diz, podem ser extremamente difíceis de serem vencidos.

O talento faz parte da nossa essência. Geralmente é aquilo do que mais nos orgulhamos. Mexer com ele, para muitas pessoas, é como se estivéssemos nos violentando.

Meu desafio é ser mais político. Quer dizer que "Vou ter que mentir bajular; não quero isto". Meu desafio é pedir a opinião de outros. Quer dizer que "Vou ser um fraco, um indeciso". É comum o *coachee* ver a situação como branco ou preto.

Chegar à compreensão de que às vezes mudanças sutis ou mudanças de forma não mudam a essência das coisas pode ser difícil. É preciso ser apoiado passo a passo.

Para você se autoavaliar, responda as questões da imagem abaixo:

Caricatura
Qual é o comportamento que eu demonstro e que irrita ou incomoda os outros, e a respeito do qual as pessoas dizem:"Não seja sempre tão...?"
Quando eu percebo que meu comportamento não funciona bem ou cria tensão?

Talento
O que sempre foi fácil para mim?
O que eu posso fazer naturalmente e que as outras pessoas acham muito mais difícil?

Equilíbrio dinâmico

Tarefa
O que eu posso fazer para trazer equilíbrio ao sistema?

Alergia
O que eu não suporto nos outros?
O que existe em mim que me dá medo?
Qual é o comportamento das outras pessoas que realmente me irrita?

Formulário adaptado por Annemarie Van der Meer[2]

Como na imagem, seus talentos podem ser encontrados pelo seguinte questionamento:

- O que é fácil para mim é difícil para os outros?

Para a caricatura, uma pergunta interessante é:

- Quando eu percebo que meu comportamento não funciona bem ou cria tensão?

Se você tinha sucesso na carreira, nos seus projetos e ultimamente parece que não tem conseguido os mesmos resultados, talvez possa se perguntar se não está cristalizando uma caricatura com sua equipe, líderes ou pares.

Para a alergia, além do óbvio, que é avaliar o que realmente lhe irrita nos outros, vale pensar nas suas projeções. É comum projetarmos características nossas que tentamos manter ocultas, projetando-as nos outros.

Por fim, na tarefa de desenvolvimento estão atividades simples que podem equilibrar o sistema.

Nota

1 TAO — do Taoísmo, tradição filosófica chinesa supostamente escrita por Laotse.

2 Ver em Anexo B Ferramentas do *Coaching* - Talentos e Caricaturas

Capítulo 10

Cases

Neste capítulo apresentaremos com *cases* inspirados em situações reais com o objetivo de ilustrarmos como acontece um processo de *coaching*. Nomes das pessoas e contexto foram alterados, simplificados ou extrapolados para manter a confidencialidade e demonstrar as técnicas utilizadas.

Case 1 — Marisa, a executiva que não tinha tempo

Marisa era diretora geral de um hospital. A pesquisa de clima feito pela área de RH havia identificado uma série de *gaps* na sua liderança.

As pessoas se queixavam da sua indiferença, de não receberem *feedback* por parte dela e de tomadas de decisões autocentradas, sem o conhecimento da operação no dia a dia e sem a avaliação das consequências.

Ela foi praticamente intimada pelo RH a participar de um processo de *coaching*.

Na nossa conversa inicial, depois das apresentações iniciais, perguntei o que ela esperava de mim e do processo.

— Não tenho grandes expectativas e não vejo como você possa me ajudar.

— O que você acha dos temas que foram colocados para o trabalho pela pesquisa de clima?

— Eu não entendo o que estas pessoas querem. São muito imaturas, reclamam das minhas decisões porque tiram das suas zonas de conforto e colocam o paciente em primeiro lugar. Há um espírito do funcionalismo público, quantos menos eu fizer, melhor. Aproveitaram a pesquisa de clima para uma vingançazinha.

— Das decisões que você tomou, o que acha que causou mais desconforto para elas?

— Eu mudei o horário dos turnos para que se adaptassem melhor à demanda de pacientes. A troca de turnos acontece nos períodos de pico, tumultuando o alinhamento.

Capítulo 10 – Cases 79

— E qual foi o desconforto?
— Ninguém gosta de mudança, trabalham há anos com o mesmo esquema de turnos, e mudar a rotina quase promoveu um motim.
— Haveria algum outro motivo para o desconforto?
— Além da mudança de rotina, creio que o outro motivo era o de que muitos já tinham compromissos assumidos após os horários de troca de turnos, como escolas, filhos, outro trabalho etc.
— Tiveram tempo para transição?
— Não muito, mas olhamos caso a caso e fizemos mudanças quando necessário.
— E ninguém te preveniu de que havia estes casos antes da implantação?
— Não.
— Você chegou a perguntar?
— Não. Não achei necessário. Planejei o processo todo eu mesma.
— O que você faria diferente se fosse fazer agora?
— Teria planejado melhor. Evitaria alguns problemas. Evitaria estarmos tendo esta conversa.
— É provável *[risos]*. Pelo que você me relata, parece coerente com a imagem de que você realmente centraliza as decisões e não envolve as pessoas?
— Na teoria, faz sentido. Mas não tenho tempo para isto! Chego às 8h e saio às 20h. Se envolver todas as pessoas, em todas as decisões, não sai nada.
— Quantas horas você gastou planejando esta mudança? Deve ter dado um trabalho danado para fazer os levantamentos iniciais.
— Ah, levei dias. A parte mais trabalhosa é conseguir alguma informação confiável.
— E se você tivesse chamado as suas três gerentes e pedido que elas fizessem o plano, o que teria acontecido?

— Elas teriam me enrolado e não teria acontecido nada até agora.
— É fácil te enrolar?
— Não! [*irritada*]. Mas levaria mais tempo fazer um *follow up* do que elas teriam que fazer do que fazer eu mesma.
— É isto que você faz habitualmente quando elas te enrolam? Traz a tarefa para si mesmo?
— Sim [*suspiro*]. Realmente não sei lidar com elas. Não tenho paciência e para evitar conflitos acabo me sobrecarregando.
— Na pesquisa parece que você tem uma imagem distante, que não é próxima das pessoas.
— Eu lá tenho tempo para jogar conversa fora?!
— Você almoça com quem?
— Eu almoço sozinha. Peço comida e como na minha sala!
— Bem, parece que há cinco horários na semana para você almoçar com alguém [*risos*].
— Elas vão almoçar fora e demoram! Todas elas!
— Não tem dia em que elas pedem comida?
— Tem sim.
— Então qual é o verdadeiro problema?
— Na verdade eu sou meio tímida! Não tenho muito assunto.
— Eu não me preocuparia muito com isto. Acho que elas teriam assunto. Mas, voltando à pergunta do início da sessão — o que você esperaria de um processo de *coaching*; no que eu poderia ajudá-la?
— Acho que este tema de como lidar com as minhas gerentes pode ser interessante. Ficou claro para mim que estou me sobrecarregando por não querer tratar de alguns temas difíceis. Acho que pode ser uma boa porta de entrada. Quando vamos fazer a próxima sessão?

Case 2 — Carlos, o homem sincero

Carlos era um executivo de uma grande indústria farmacêutica instalada no Brasil. Possuía uma carreira meteórica, ingressando ali ainda jovem, como representante de Vendas (aquele sujeito que encontramos na sala de espera do médico e ficamos irritados quando entra no consultório bem na nossa vez).

Carlos, além da inteligência, comprometimento e o domínio técnico da função, tem uma qualidade que é cada vez mais rara no mundo organizacional: fala o que pensa, é assertivo, vai direto ao ponto, sem meias palavras, e diz aquilo que os outros — por insegurança, receio de como podem ser vistos ou por medo da autoridade — não dizem. Ele não tem medo de ir contra a corrente.

Nas convenções de Vendas ou reuniões de grupos, quando lhe era perguntado quais os problemas no seu território ou o que a organização poderia fazer melhor, ele dizia exatamente o que pensava. Logo começou a ser percebido pelos gerentes regionais como alguém confiável. Se era preciso saber como o material promocional estava sendo recebido pelos médicos, ou se a nova segmentação estava funcionando, era só perguntar ao Carlos, pois ele dizia o que via acontecer de fato. Atitude essa que outros representantes não tinham, enrolavam, ou não eram claros; era preciso ficar lendo nas entrelinhas.

Diante do surgimento de uma vaga de gerente distrital, Carlos se candidatou e foi aprovado facilmente.

Em sua nova função, Carlos conseguiu excelentes resultados. E, por sua assertividade, logo ganhou visibilidade com o gerente nacional de Vendas. Depois de dois anos foi promovido à gerente regional, responsável por todo o interior de São Paulo, o segundo maior mercado do país da sua indústria.

Quando o gerente nacional de Vendas saiu, Carlos assumiu seu lugar. Era o único dos gerentes regionais que tinha o respeito da diretoria. Afinal, era o único que falava a verdade, que não tinha medo de colocar o dedo na ferida e de confrontar o diretor da Supply Chain pela falta de produtos. Se achava que alguma situação não estava correta, contradizia até mesmo o próprio diretor.

Assim, a carreira de Carlos passou de representante a gerente nacional de Vendas em cinco anos.

Ao completar cinco anos como gerente nacional, já haviam passado três diretores comerciais como chefe dele. E a cada vez que surgia uma oportunidade era preterido por alguém para suceder o diretor.

O que acontecia?

As qualidades de Carlos eram muito conhecidas pela organização. Quando o Comitê de Avaliação se reunia para definir o plano de sucessão da diretoria era o nome do Carlos que aparecia. Listavam as suas qualidades e as necessidades do perfil de diretor e ele era preterido. Por quê?

Um dos papéis mais importantes do diretor era a interface com a matriz. Numa estrutura tremendamente matricial necessitava-se de alguém com grande capacidade de articulação, sensibilidade e leitura dos cenários, de poder e influência. E Carlos, com sua franqueza direta, não era a pessoa mais indicada para isto.

Ele fora reprovado por três vezes para a posição. Nas primeiras duas vezes — como é comum na nossa cultura que não tem a assertividade de Carlos — não deixaram muito claro o motivo. Mas, na terceira vez, disseram-lhe claramente que não viam nele alguém com a *postura* de um diretor e com a sensibilidade para lidar com os desafios do cargo.

Seu talento havia se transformado em uma caricatura.

Carlos ficou tremendamente desmotivado e o encaminharam para um processo de *coaching*.

E chegamos à nossa primeira conversa.

Depois das apresentações e dos alinhamentos, iniciamos. Comecei perguntando a ele o que esperava de mim.

— Jaime, para ser sincero, minha expectativa é muito baixa. Pelo que me falaram, para ter uma chance na diretoria da empresa, vou ter que me tornar uma pessoa que eu não sei se quero ser.

— Que tipo de pessoa é essa que querem que você seja?

— Alguém que não fala o que pensa, que se omite, que faz conchavos. Eu cheguei até aqui gerando resultados, mas parece que isso não é mais suficiente e não sei se quero mudar.

— O que você não quer mudar Carlos?

— Deixar de dizer o que penso e o que eu acho certo. Foi assim que cheguei onde estou.

— Afinal, se isto te trouxe até aqui, por que não está conseguindo te levar adiante?

— As pessoas ficam incomodadas, desconfortáveis. Eu faço isso para que as coisas sejam consertadas, não para agredir as pessoas; mas elas ficam tensas, na defensiva. Fico com a imagem de chato, de agressivo, arrogante...

— Mas o problema está na forma ou no conteúdo Carlos?

— Tanto faz, para mim o conteúdo é muito mais importante que a forma.

— Concordo, mas a forma pode estragar o conteúdo. Sabe aquela história do sujeito que serviu um brigadeiro delicioso dentro de um penico? [*Risos*]. Vamos fazer o seguinte, me conta sobre uma reunião que você acha que provocou tensão.

Carlos me contou sobre uma reunião em que criticou a área de Administração de Vendas pela falta de relatórios adequados e entregues fora do prazo. O colega se irritou com ele e reagiu muito mal, começou a criticar a sua equipe, deu um monte de desculpas e, no final da história, os relatórios continuaram do mesmo jeito.

— Vamos fazer de conta que eu sou ele. Repete o que você disse para ele, o mais exato possível. Você tem certeza que usou a palavra relatório inadequado?

— Não, acho que falei que estava uma merda mesmo [*risos*].
— Como você acha que ele se sentiu quando você disse que o relatório estava uma merda?
— Atacado com certeza, mas não estamos no colégio de freiras, não dá para ser um lorde inglês.
— Você já teve um chefe que era um lorde inglês?
— Já tive sim, um grande chefe. Aprendi muito com ele, mas eu não consigo, não sou assim, nem nunca vou ser.
— E nem deve, ia ficar muito estranho. O pessoal ia querer te internar *[risos]*.
— Mas estamos especulando, seria importante conseguirmos saber se é verdade que você gera este incômodo e a intensidade dele. Se você tem esta imagem que está me dizendo. Você topa fazer um exercício de avaliação para a próxima sessão?
— Claro, como vai funcionar?
— Temos duas maneiras. Uma é fazermos uma lista das pessoas de quem queremos uma percepção. Você as avisa, eu mando um formulário com algumas questões, elas respondem e eu garanto a confidencialidade das informações. A outra sou eu te passar as perguntas, você conversa com as pessoas e depois me conta o que ouviu. Se pudesse conversar pessoalmente seria melhor, mas você precisa se sentir confortável.
— Eu vou pessoalmente. Todo mundo sabe que estou fazendo *coaching*. Falo que você pediu.

Listamos as pessoas, pensamos nas questões e fizemos até um ensaio de como seriam as conversas, cuidados a serem tomados e marcamos a próxima conversa.

Na segunda sessão, Carlos chegou muito impactado com as conversas que teve. Pedi que ele me contasse cada uma delas e sobre o quadro geral que surgiu. Segundo ele, todos reconheciam sua inteligência, a qualidade da sua contribuição e até a sua boa intenção, mas se sentiam desrespeitados, às vezes até mesmo humilhados pela forma

Capítulo 10 – Cases

como ele se colocava. A conversa com os membros de sua equipe foi a que o deixou mais mexido. Nas palavras dele, ele não sabia que estava fazendo a vida de algumas pessoas um inferno.

— Como você se sente, Carlos, com tudo isso?
— Impotente. As pessoas querem de mim algo que não tenho para dar. Estou pensando até em mudar de empresa.
— E por que em outra empresa seria diferente?
Silêncio...
— Qual a conversa que te deixou mais impactado?
— Com a Roberta.
— O que ela te disse exatamente?
— Que me admira muito, que aprendeu muito comigo, que é muito grata pela oportunidade que dei a ela, pela promoção a gerente de Produto, mas que tem medo de me levar as coisas e que tudo que faz parece estar sempre errado. Que o meu tom de voz a intimida.
— E o que você acha dela?
— Ela é ótima. É a melhor gerente de Produto que já tive.
— Qual foi a última vez que você disse isso para ela?
— Nunca falei. Eu reconheço as pessoas dando aumento, promovendo, como fiz com ela.
— Talvez algumas pessoas precisem de algo mais que isso!
— É, talvez...
— Se você fosse um personagem de algum filme, quem você seria?
— Algum personagem do John Wane [*risos*]. Durão, mas de coração mole.
— Vamos ter que dar um jeito de mostrar mais esse coração mole... Você me parece ter muito orgulho deste seu jeitão Carlos. Você gostaria mesmo de mudá-lo?

— Acho que não! Não quero ser visto como um cara bundão, mole, que mente, que não fala a verdade.

— Bem, isto está bem na polaridade. Vamos fazer um exercício. Escreva de um lado da folha como você se vê hoje e, do outro, aquilo como você não quer ser visto:

Lado 1:

- Duro;
- Decidido;
- Verdadeiro;
- Corajoso.

Lado 2:

- Mole;
- Bundão;
- Político;
- Covarde.

— Carlos, mesmo que eu e você nos esforçássemos muito para te verem como o lado dois, acho que nem em mais dez encarnações a gente iria conseguir isso.

— Verdade [*risos*].

— E por que tanto medo de ser visto desta forma?

— Não é medo, é outra coisa...

Silêncio...

— Talvez medo de ser ridículo! Não querer admitir que do meu jeito não dá! Não sei!

— Qual a consequência de não fazer nada?

— Com este RH politicamente correto desta empresa, nunca vou ser diretor aqui.

— E você quer ser diretor?

— Muito, aqui ou em outro lugar.

— Por que você quer ser diretor?

Capítulo 10 – Cases

— Eu gosto de resolver problemas de outras pessoas, ajudar os pacientes, gerar resultados. Me realizo.
— Como gerente nacional de Vendas você não faz isso?
— Sim, mas poderia fazer numa escala maior. Tem muita coisa que eu não concordo, e, com o poder de diretor eu poderia mudar. É claro que também quero o status, o bônus etc. Mas isto não é o fundamental.
— Então já sabemos o que você quer. E o que você não quer?
— Eu não quero que para isto eu precise me violentar. Ser algo que eu não sou, mentir, bajular, puxar saco...
— Muito bem! Vamos trabalhar a partir daí então, com esses limites e esse objetivo. Para nossa próxima conversa, pense um pouco no seguinte... Sabemos, a partir do que te falaram, a imagem que você tem hoje. Coloque isso no papel. Sabemos o que você não quer. Agora, responda, como você gostaria de ser visto? Na nossa próxima conversa aprofundamos.

Na sessão seguinte construímos uma *visão* do tipo de imagem profissional que o Carlos gostaria de passar. O legado que gostaria de deixar para a empresa se fosse diretor. E estávamos prontos para a nova fase — partir para a mudança propriamente dita.

Nos encontros subsequentes começamos o processo. Introduzimos pequenas mudanças na linguagem de Carlos de maneira que ele pudesse exercitar e sentir o impacto destas mudanças nele.

Ele se propôs a tanto em uma reunião de trabalho específica. Fizemos um pequeno exercício. Quando discordasse do que lhe era dito, antes de colocar sua opinião, começasse com a frase "Tenho outro ponto de vista" ou "Vejo de outra maneira" e, a partir daí, dissesse aquilo que pretendia sem maiores preocupações. Propus que fizesse isto numa única reunião e me contasse.

Carlos ficou impressionado com o efeito na dinâmica da reunião. Teve uma resistência muito menor às suas ideias do que geralmente acontecia, bem como na carga de tensão. Haveria, na semana seguinte, a apresentação dos *Business Plan* das suas áreas. Era um dia inteiro de apresentações.

O dia do holocausto, este era o termo que a equipe do Carlos dava ao evento. Já que todo mundo era *espinafrado*.

— Vamos fazer diferente este ano Carlos? Conduzir a reunião de *Business Plan* de outra maneira?

— Podemos tentar!

— O que poderia ser diferente?

— Não sei.

— Como você reage quando vê uma besteira na apresentação?

— Fico possesso, espinafro o coitado.

— Precisamos controlar essas explosões.

— Só se eu visse antes.

— E porque não?

— É muito material!

— Você já deve saber em quem você costuma bater mais, quais são as apresentações mais críticas, não?

— Podemos tentar. Posso trazer algumas na próxima sessão?

— Claro.

Foram necessárias duas longas sessões para discutir as avaliações de Carlos sobre as apresentações que, claro, do seu ponto de vista eram ruins e, principalmente, para discutirmos a forma como ele colocaria as coisas óbvias: o que gostou, críticas ao trabalho e a clareza do que precisava ser revisto.

Obviamente o processo foi muito mais tranquilo, profundo, respeitoso e inspirador para as pessoas, em relação ao ano anterior.

De fato, ao longo de seis sessões, fomos exercitando, discutindo os *monstros de cada semana*. O primeiro resultado palpável que tivemos do processo foi a pesquisa de clima da área do Carlos. Antes era uma das piores da empresa e passou por uma melhora significativa, principalmente no item *liderança inspiradora*.

Ao final de dois anos, Carlos foi promovido a diretor.

Case 3 — Roberto, o líder participativo

Roberto havia assumido há três meses uma unidade de negócios de uma indústria de consumo.

Executivo inteligente, sensível e com uma crença profunda em processos participativos de gestão, Roberto sempre acreditou em delegar e envolver as pessoas nas decisões.

Sua equipe vinha de uma gestão anterior extremamente autoritária e centralizadora.

Ao chegar, assumindo sua nova posição, a primeira coisa que fez foi instituir reuniões com os gerentes — os mesmos não tinham esse ritual durante a outra gestão — para que a tomada de decisões pudesse ser realizada em colegiado. Quando alguém vinha com alguma pergunta, ele respondia com outra: "O que você acha que devemos fazer?". Os primeiros meses foram tomados por reuniões na matriz, procedimento comum em multinacionais.

Em razão dos compromissos externos, Roberto delegou as principais decisões para o grupo enquanto estava fora da matriz.

Depois de três meses, começou o *zum zum zum*: "Nosso chefe não conhece nossos produtos, nem se interessa. As reuniões são longas e não se chega a lugar nenhum. Ele nunca está presente. Os concorrentes estão nos comendo pelas beiradas e não fazemos nada, só discutimos. Ele não responde e-mail"...

Devagar, o pessoal começou a confrontar Roberto, de maneira desrespeitosa, em público. Numa reunião, uma das gerentes de Produto teve um *bate-boca* com o gerente nacional de Vendas. Roberto tenta intervir e não é obedecido. Gerentes de *marketing* e gerentes de venda começam a se boicotar.

O pessoal chegou ao ponto de ir até a sala do vice-presidente, informalmente, para se queixar. Este, por sua vez, fez uma reunião com o grupo, sem a presença de Roberto, ouvindo uma série de lamentações. Neste momento, o diretor de RH é envolvido e sugere que Roberto faça um processo de *coaching* para tentar resgatar a situação.

Esse era o cenário que Roberto trazia para a primeira sessão de *coaching*.

Questionei então onde ele achava que errou.

— Realmente não sei; eles reclamavam tanto da gestão anterior, diziam que não lhes davam espaço, que a outra era autoritária e agora, quando são chamados a participar, se comportam de maneira infantil.

— O que você acha que poderia ter sido diferente?

— Talvez eu devesse ter ido mais devagar. Mas é difícil gerir de uma maneira na qual não acredito.

— O que você acha de fazermos um diagnóstico mais profundo? Poderíamos perguntar para o time o que ele gosta ou não da sua maneira de gerir e quais sugestões teria.

— Como faríamos este diagnóstico?

— Poderíamos mandar um questionário para que todos respondessem anonimamente e mandassem direto para mim e eu lhe daria o *feedback*. Outra maneira, poderia ser a de você conversar individualmente com cada um.

— Gosto mais da primeira alternativa. Você acha que eles seriam sinceros neste questionário?

— Acho que sim! Acho até que estão sinceros demais *[risos]*. Reclamam de tudo. Enfim, vamos planejar esse diagnóstico, o que devemos perguntar, como você vai avisá--los...

Os questionários foram enviados, respondidos e devolvidos para o meu e-mail. Havia aspectos quantitativos e qualitativos, mas como sempre, nesses casos, os qualitativos foram os mais importantes.

Capítulo 10 – Cases

Para ilustrar, algumas frases significativas apresentadas pela equipe:

"Vivíamos numa ditadura, teve uma alternância muito grande de estilo. Fulano resolvia tudo".
"Reuniões de horas, choradeira, que no começo pareciam boas. Agora, não chegam a lugar nenhum".
"A diferença de perfil do *fulano* para o Roberto é gritante; chocou. *Fulano* desafiava muito o time. Para o Roberto, parece que tudo está bom".
"O time era vencedor, mas na chibata. Aí vem um cara, mais aberto, e a gente estranha".
"Desde a chegada do Roberto para cá, tudo ficou confuso. Ficou perdido".
"Acho Roberto ausente, ele se envolve em muitas reuniões. Não consegue falar *não* ".
"*Fulano* sabia o perfil de cada representante. Roberto não sabe nem o nome de três deles".
"Roberto fez uma apresentação de Produtos fraca; já trouxe uma imagem ruim".
"Líderes anteriores eram muito diretivos, mas solucionavam. Roberto é mais colaborativo. Ele cedeu muito, cedeu *headcount* para outra área. Problemas com logística, ele não cobrou das outras áreas! As outras áreas fazem as coisas e só mandam a conta para gente, sem nos envolver".
"Não vemos intenção dele em colocar a mão na massa. Braço curto; começa a delegar coisas que seriam dele. No início é bom, mas, depois, fica mal".

Na sessão seguinte, lemos juntos os questionários. Depois da leitura, começamos:

— O que disso faz sentido para você, Roberto?

— Eles dizerem que não conheço o produto em profundidade. Esse é o papel deles e não o meu. Eu devo dirigir a estratégia, não preciso me envolver nos detalhes.

— Eu penso, Roberto, que você está certo quando falamos de um grupo maduro. E acho que este deva ser seu objetivo, mas este não é um grupo maduro, mesmo que, enquanto indivíduos, isoladamente, possam ser.

— Parece que a mudança de estilo foi muito abrupta. Eles se queixam das reuniões...
— Como você avalia as reuniões do time de liderança?
— São confusas, cada um tem seu ponto de vista, mas eles não são capazes de chegar a um consenso. Ficam esperando que eu decida.
— E você?
— Só decido em último caso.
— O que é último caso?
— Quando estamos há duas ou três horas conversando sobre o mesmo assunto e ninguém aguenta mais.
— Como o grupo está neste momento?
— Irritado, nervoso, às vezes acontece um bate-boca.
— Acho que é esta irritação que aparece nos questionários. O que você poderia fazer?
— Eu poderia intervir antes, mas como vou saber qual é o ponto?
— Pode ser, mas como vou saber qual é o ponto?
— Quando as pessoas começam a se repetir e a não trazer mais argumentos novos, costuma ser um bom sinal de que o ponto passou.

Depois dessa conversa, pedi que Roberto levasse em conta algumas considerações para a sessão seguinte, a fim de aprofundarmos o que constava nos questionários:
— Na próxima sessão que tiver com eles, não vamos mudar nada, mas queria observar a dinâmica do grupo. Vou te passar um *Roteiro de Observação*. A ideia é a de que você fique atento nas questões desse roteiro e após a reunião faça algumas anotações.
Também vou te passar um artigo que escrevi há algum tempo, que fala sobre as fases de desenvolvimento dos grupos, ok?
— Ok.
O roteiro desenvolvido por Daniel Burkhard para o Programa Adigo de Formação de Consultores e a cópia do ar-

Capítulo 10 – Cases 93

tigo *O desafio do líder no desenvolvimento do seu time* que passei para Roberto, encontram-se no *Anexo A* deste livro.

Na sessão seguinte com Roberto:
— Então, o que achou do artigo?
— Parece que descreve o que estou vivendo. Ficou claro para mim que o grupo não está preparado para o estilo de gestão que quis impor. Fez muito sentido a história de que esse tipo de grupo respeita o conhecimento técnico e é por aí que ele vai pegar.
— Como você acha que eles sentiram esse seu foco maior no aspecto estratégico e menor no operacional?
— Acharam que é falta de interesse, incompetência. Eles não entendem o que é estratégia. Vou precisar mergulhar nos produtos e processos se quiser reconquistar a confiança deles.
— Com certeza! E você observou a reunião? O que percebeu?
— Parecia o zoológico do seu artigo, uma zona mesmo. Mas o que eu faço?
— Podemos começar colocando um pouco de método nessa reunião, como pauta, horários etc.
— Acontece que, durante a reunião, eles divergem para vários assuntos e quando se tenta decidir algo, não chegam num acordo. Eu não conheço os detalhes para tomar decisões.
— Acho que podemos mudar algumas coisas e estabelecer um plano de ação. E quanto ao problema da falta de conhecimento dos produtos e da operação, o que você pode fazer em curto e médio prazo?
— Preciso estudar os produtos. Existe um material estruturado que pode me ajudar, vou pegá-lo e estudar...Há também um curso de novos vendedores para acontecer, mas eu participar...Acho que fica esquisito.
— Por quê?
— O diretor de unidade de Negócios fazendo um curso com novos vendedores?

— Se coloque na posição dos gerentes, o que eles iriam pensar?

— O cara não conhece nada, mesmo... Precisando fazer curso de novos representantes...

— Acho que eles já pensam isso *[risos]*.

— Que outra coisa eles poderiam pensar?

— Bem... Ele resolveu entender os produtos e está tentando mudar.

— Pensamento bem provável.

— Depois de tudo que aconteceu até agora, o que o seu chefe e o diretor de RH estão esperando?

— Que mude alguma coisa. Poderia ser um sinal bem visível de que eu estou tentando. Vou ter que me comportar como o resto da turma, aluno modelo [risos].

— O que mais você pode fazer?

— Ir a campo. Priorizar isso na agenda e acompanhar um ou dois representantes.

— Boa ideia, podemos construir juntos um roteiro daquilo que você deve observar nas visitas a campo e discutiremos em nossos encontros.

E o que podemos fazer em relação às reuniões com o grupo; além do fato de serem longas e de o pessoal não tomar decisões, o que mais te incomoda?

— Peço uma sugestão. Quando pergunto a eles o que podemos fazer, não vem nada, ficam todos em silêncio.

— Por que você acha que tem esse silêncio?

— Não estão acostumados a decidir. O chefe anterior decidia tudo por eles. Talvez, se eles tiverem tempo para se prepararem, possa ficar mais fácil. Posso pedir que cada um apresente um diagnóstico da sua área com os principais problemas e sugestões.

— Que cuidado você terá de tomar na condução?

— Vou ser mais diretivo e não permitir que vire um bate-boca.

— E se acontecer?

Capítulo 10 – Cases 95

— Vou pedir para ficar em silêncio e deixar o debate para o final da apresentação. Depois de cada apresentação, faço uma rodada para que cada um comente as propostas. Talvez eu tenha que ser duro. Quando o sujeito acabar a apresentação, vou pedir que ele que fique em silêncio para que eu possa ouvir todos os comentários, antes de ouvi-lo de novo.

— Legal, vamos ver o que acontece.

Nos meses subsequentes, Roberto foi, pouco a pouco, resgatando sua liderança de grupo. Saiu da empresa três anos depois.

Case 4 — Marcos, o executivo nota 10

Marcos era superintendente comercial de uma grande empresa de bens de capital do país, responsável por uma filial importante. Ele investiu um enorme esforço junto ao comitê de crédito de empresa para aprovar o crédito e a venda de máquinas para um cliente. Quando voltou para a filial, procurou seu cliente para lhe dar a boa notícia. Este lhe diz que não precisa mais de crédito, já havia conseguido com o concorrente. *P da vida*, Marcos escreveu um e-mail com *cobras e lagartos* para o cliente, chamando-o de leviano, irresponsável, moleque etc. O cliente não teve dúvida, encaminhou o e-mail para o presidente da empresa do Marcos.

Já não era a primeira vez que isso acontecia, que o temperamento de Marcos o colocava em maus lençóis. O retiraram da filial e o colocaram na matriz, como superintendente de projetos especiais. Ou seja, colocaram-no de castigo por um tempo e contrataram um *coach* para conversar com ele, no caso, eu.

Me lembro bem da primeira sessão das doze que estavam previstas dentro de um programa de larga escala, no qual todo um nível de estrutura estava passando pelo processo de *coaching*.

Ele, com um *bico* enorme, depois das apresentações iniciais e de me contar porque estava ali, me pergunta:

— Então, vamos fazer doze sessões para eu descobrir que preciso ser mais *político* [com certo asco na palavra *político*].

Eu sorri e disse:

— Vamos ver Marcos, quem sabe a gente consegue mais do que isso.

E começamos o processo explorando as preocupações que ele tinha no momento, o contexto organizacional etc.

E lhe entreguei um *pré-work* para a sessão seguinte, que no processo de *coaching* chamamos de Mapa da Memória *(disponível no anexo B)*. A proposta era trabalhar com a biografia dele.

Pedi que registrasse os principais eventos de sua biografia, as principais experiências e aprendizados, com algumas questões de reflexão ao final. Avisei que trabalharíamos juntos os possíveis aprendizados, talentos, limitações e padrões encontrados.

Na sessão seguinte começamos com ele impactado pelo exercício. É impressionante como muitos de nós chegamos aos 40, 50 ou 60 anos sem nunca ter feito um exercício tão simples e revelador quanto o de escrevermos eventos de nossa vida em ordem cronológica e olharmos para este conjunto.

Pedi que ele me contasse sua biografia usando o **Mapa da Memória** como apoio.

O primeiro evento que ele conta é de sua infância. De que certa vez, querendo dinheiro para comprar um gibi especialmente caro, fez o seguinte: pegou o dinheiro que o pai havia lhe dado (não o suficiente), comprou alguns limões e foi vender na vizinhança. Numa tarde, conseguiu dinheiro suficiente e comprou seu gibi.

Interessante ser este o *primeiro* evento contado por ele. O seu tino comercial e o prazer neste tipo de trabalho estavam presentes desde o início. O que não é comum na maioria das biografias. Os nossos *talentos essenciais* costumam se manifestar muito cedo. Apesar de ter feito algumas tentativas em caminhos que não lhe trouxeram satisfação na carreira, ele se encontrou mesmo numa atividade comercial. Como isso fazia parte de sua essência gerou nele satisfação e sucesso na carreira. E deixava claro o quanto o castigo que a organização lhe impôs, longe dos clientes e da sua essência, o estava fazendo sofrer.

Quando olhou para sua adolescência, o evento mais marcante para ele foi chegar numa escola nova, ver um menino maior (o *King-Kong*, apelido do garoto) fazendo *bullying* com um menor. Ele foi tomar satisfação. O problema foi que não se atentou ao tamanho do *King-Kong*. Levou uma tremenda surra, quebrou o braço, deixando claro também, desde cedo, o seu senso de justiça e de indignação por um lado e, por outro, a impulsividade e o fato de não pensar numa estratégia para lidar com aquela situação de maneira mais inteligente.

À medida que ele compartilhava seus eventos, iam aparecendo outros padrões. A busca por ser sempre o primeiro da classe, sempre tirar nota dez e mostrar para a mãe o boletim (o pai havia falecido). A preocupação com o futuro, o cofrinho sempre cheio de moedas até o fim da infância.

Acabamos investindo em mais uma sessão para explorarmos a linha biográfica de Marcos.

Começamos a trabalhar no seu momento presente com suas preocupações e problemas.

Uma questão que o estava incomodando era o equilíbrio entre vida pessoal e trabalho. Ele tinha um filho, o Gabriel, de seis anos, e não conseguia passar muito tempo com o garoto. Por outro lado, estava fazendo um MBA puxadíssimo numa tradicional universidade. As aulas e as tarefas acabavam tomando o seu fim de semana.

Certa sessão, ele chegou chateado e perguntei:
— O que foi Marcos, o que aconteceu?

— Nada importante, um *chinesinho* lá tirou uma nota maior que a minha.
— Sério?
— Sim, eu tirei 9,5 e ele 10.
— Chato mesmo. E o Gabriel, conseguiu sair com ele no sábado, como você pretendia?
— Não, tive que ficar estudando para a próxima prova do MBA.
— Marcos, você estava reclamando que não tem tempo para o Gabriel. O que é mais importante, o chinês ou o Gabriel? [Silêncio]. Se você não estudasse nesse sábado à tarde, o que aconteceria?
— Iria mal na prova.
— Mal quanto? Quanto você tiraria?
— Talvez 8,0 ou 7,0.
— Por que você precisa tirar 10? Para quem você vai mostrar o seu boletim?
Ele ficou em silêncio por alguns longos segundos.
— Talvez eu não precise tirar dez em tudo. Eu não preciso ser melhor do que o *china*. Mas não vai ser fácil.

Na semana seguinte, contou que havia passado uma tarde ótima com o filho e, na sessão subsequente, brincando, todo orgulhoso, disse "Tirei 8,0. Consegui!".

Em um dos projetos em que ele era responsável, estava tendo uma resistência grande de um vice-presidente.

Numa das sessões chegou nervoso, dizendo o que falaria para o VP na reunião seguinte, que ele iria ouvir umas verdades. Perguntei:

— E este VP, Marcos, neste ecossistema, como você classificaria? Ele é maior ou menor, comparativamente com o *King-Kong* do colégio?

— Menor [*risos*], mas o pai dele é grande, um dos controladores.

— Como você pretende agir com esse *King Kong*?

— De uma maneira que ele não quebre meu braço. *(risos)*

— Acho melhor! *(risos)*

Pela nona sessão, entramos no processo de **Visão de Futuro**, que o deixou muito inspirado. Ele queria ser um diretor ali ou em outra empresa. Aprofundamos as competências que precisava desenvolver e construímos o **Plano de Ação**.

Na vida pessoal, um dos seus sonhos de infância era conhecer a Rússia, terra de seus avós.

Estava lá, na **Visão de Futuro**.

— Por que não pode ser agora?

— É muito caro!

— Em que percentual das suas economias?

— Cinco por cento!

— Isto é muito?

— Eu acho que minha poupança nunca diminuiu, não sei se consigo vê-la diminuir sem ficar inseguro.

— O que de pior pode acontecer?

— Sei lá. Posso perder o emprego.

— Tem reserva para quantos meses?

— Uns cinco anos.

— Troca de carro com que frequência?

— Todo ano.

— Você quer mesmo viajar?

— Quero.

— Quando você vai quebrar o porquinho?

Depois de muita conversa, Marcos chegou à conclusão de que, aos 48 anos, já havia feito o suficiente para merecer a viagem.

Na nossa última sessão, havia questões no processo, algumas perguntas de avaliação que deveriam ser feitas. A avaliação dele foi ótima; concluiu ter conseguido fazer algumas mudanças significativas. A última pergunta foi:

— O que você aprendeu de mais importante com este processo?
— A ser mais político!

O fenômeno que aconteceu com o Marcos durante o processo é muito comum. O *coachee* sabe o que precisa ser feito/mudado, mas sabe apenas no pensar, na mente; não passa pelo coração, pelo sentir e não chega ao querer.

Exemplificando uma situação muito mais simples: "Eu preciso aprender a falar inglês e não consigo estudar". O *coachee* passa pelo processo e ao final chega a que conclusão? "Vou estudar inglês de verdade".

No primeiro momento ele sabe, intelectualmente, que para aprender a falar inglês, a solução é óbvia. Dedicar horas de estudo (uma ou duas todos os dias) — 800 horas são o que especialistas estimam para falar com razoável fluência um novo idioma — cursar uma boa escola, fazer um sabático, imersões etc. Por que não faz? Porque ele só sabe disso intelectualmente. Mas, depois de um processo ele tem que refletir sobre algumas questões, como: por que e para que precisa, quais as consequências se não aprender, e se está disposto verdadeiramente a pagar o preço por aprender ou não.

Ele chega à mesma conclusão do início, mas com algumas diferenças. Ele sabe, emocionalmente, se precisa ou não. É a vontade dele que o mobiliza a partir para as vias de fato ou a pagar o preço por não fazer.

Ele tem compromisso com um **Plano de Ação** concreto para chegar lá ou para abrir mão verdadeiramente daquilo.

Aliás, uma boa pergunta para depois que o Plano de Ação está pronto é: "De zero a 10, quanto você dá para seu compromisso com este plano"?

Se o *coachee* der 8,0: "O que falta para você dar 10?".

Case 5 — Mariane, a executiva que não gostava de dissecar animais

Dentro de um grande projeto de desenvolvimento de lideranças, Mariane era a participante perfeita. Recém-chegada na organização, inteligentíssima, rápida, motivada, dedicada etc. Chegou de coração aberto. O programa era muito bem avaliado na organização e havia sido recomendado pelos seus colegas.

Definir o objetivo geral do programa foi fácil. Integração e adaptação à nova cultura. E ela tinha alta expectativa em relação ao processo de *coaching*.

Na segunda sessão, a proposta era discutir uma **Avaliação 360°** (uma das ferramentas do *coaching*) feita pela empresa. Os formulários da **Avaliação**, que deveriam ser preenchidos por pessoas da organização, lhes foram entregues ao final do primeiro encontro.

Antes do retorno da tal **Avaliação**, entretanto, surgiu o primeiro problema. Ela havia acabado de chegar à empresa; seus pares, chefe e funcionários não a conheciam o suficiente para avaliá-la.

Mariane rapidamente encontrou um jeito de solucionar o problema:

— E se eu mandar os formulários para minha antiga equipe? Posso pedir para meu ex-chefe, pares e funcionários responderem.

Eu nunca havia feito isto, mas podia ser interessante. Planejamos o processo, ela ficou de mandar os formulários para as pessoas, avisá-las sobre a confidencialidade e pedir que mandassem as respostas para o meu e-mail.

Foi muito interessante quando vieram as respostas. Ficou claro para mim que o fato de as pessoas não estarem mais se subordinando a ela e não conviverem no dia a dia, permitia uma qualidade muito maior dos comentários e observações em comparação ao que tradicionalmente acontece nesses processos.

Conversamos sobre os resultados. Uma das coisas mais óbvias era o excesso de velocidade ao falar. Ela era muito rápida, muito inteligente. A maioria não conseguia acompanhar o seu raciocínio. Outro tema era a falta de foco, a mudança constante de prioridades. Apontaram também certa ingenuidade para os *jogos* políticos da organização e o fato de não conseguir enfrentar situações espinhosas de frente. Surpresa para ela foi esta percepção de ingenuidade organizacional, mas que fazia sentido. Quanto a não enfrentar situações difíceis, ela não se reconhecia.

Entreguei o *pré-work* da sessão seguinte, o **Mapa da Memória**[1], e pedi que ela o preenchesse.

Na terceira sessão, perguntei como havia sido o período e ela disse que estava preocupada. O diretor havia lhe pedido que fizesse uma proposta de reestruturação para a área. Ela pediu dois meses para avaliar as pessoas, mas ele havia dado a diretriz de que era preciso reduzir a estrutura.

Planejamos como ela faria este diagnóstico. Por meio de conversas individuais com as pessoas da equipe, entrevistas com os principais clientes e *stakeholders* da área, por aí afora. Definimos o roteiro das conversas e estabelecemos um cronograma para a obtenção das informações e discussão dos dados. Tratado este *monstro da semana*, fomos olhar o **Mapa da Memória**.

Deu tempo de analisarmos os três primeiros setênios. O que chamou a atenção dela?

Primeiro, o número de mudanças de casa. Seu pai era um militar. E ela praticamente todo ano mudava de casa, de escola, de amigos. Uma dificuldade grande de construir vínculos. Quando começava a aprofundar amizades, ela mudava.

Inteligentíssima, é claro, sempre foi a primeira aluna da classe, o que acabava a distanciando ainda mais das pessoas.

Só ficou *de recuperação* uma vez na vida.

Numa escola de freiras, quase perdeu o ano nas aulas de Biologia do colégio. A tarefa era dissecar um sapo e por se recusar a fazer isso causou um *stress* enorme com a professora e a escola. Um evento aparentemente banal, mas ela gastou uns quinze minutos para explicar o porquê, como se sentiu etc.

Acabamos a sessão abordando o intercambio dela na Austrália, onde passou um ano estudando.

Na quarta sessão, depois de conversarmos sobre o diagnóstico que ela estava fazendo, voltamos ao nosso **Mapa da Memória**.

Ela tinha uma carreira meteórica mas, como padrão bem óbvio, não ficava mais do que dois anos em nenhuma empresa. Sempre havia um motivo para sair. Ela, é claro, conectava essa situação com a experiência da infância e adolescência, a de mudança de casa e de escola, com a diferença de que antes era uma criança, não podia decidir. Mas continuava mantendo o padrão na vida adulta.

Convidei-a a olhar seu currículo profissional e a pensar no que um *headhunter* diria ao ver a sua sequência de empregos.

Ela então estabeleceu como meta ficar pelo menos quatro anos na empresa em que acabara de chegar. Lembrou-se de que na entrevista de recrutamento da mesma, teve que dar muitas explicações pela falta de estabilidade no currículo. Considerou que mais uma permanência relâmpago não ficaria bem.

Na sessão seguinte, a quinta, investimos a maior parte na discussão da nova estrutura da área e de como ela a apresentaria para o diretor.

Fizemos um ensaio com as perguntas mais críticas que poderiam ser levantadas. Também realizamos alguns exercícios para reduzir a velocidade da fala, criar algumas pausas, espaços para respirar e permitir comentários do chefe durante a discussão.

Na sexta sessão, ela chegou toda animada. A nova estrutura havia sido aprovada. Ela conseguiu minimizar bastante o impacto no número de pessoas. Havia alguns desligamentos a fazer, mas eles aconteceriam mais por questões de desempenho e potencial do que simplesmente por redução de custo.

Conversamos sobre como seria o processo, as preocupações e os incômodos. Dei algumas dicas de como e quando algumas coisas deveriam ser feitas e a maneira de conduzir os desligamentos da melhor maneira possível. No restante da sessão fechamos o diagnóstico da situação em termos de carreira e vida pessoal. Pontos fortes e fracos, cenário organizacional, padrões de comportamento etc.

Na sétima sessão perguntei como se deram as ações de implementação da nova estrutura. Mariane disse que teve contratempos. A diretoria havia lhe pedido um trabalho especial e ela não conseguiu fazer. Mas ela avisou isso ao seu diretor e estava tudo bem. Replanejamos o processo e voltamos para o formulário *sua vida nas diversas dimensões*[1].

Começamos uma discussão sobre o futuro. O que ela esperava de sua vida pessoal, da carreira, se conseguia se ver como diretora. Pedi que avaliasse o que acontecia no momento que a incomodava, o que gostaria de ver transformando... E deixei como lição de casa (formulários) para que continuássemos na próxima sessão.

No início da sessão seguinte perguntei sobre os desligamentos. Ela disse que não havia conseguido fazer, não teve tempo. Perguntei:

— Este sapo você vai dissecar Mariane?

Ela ficou em silêncio. Depois de um ou dois minutos, com lágrimas nos olhos, disse que não tinha coragem. Estava com medo de ser leviana com as pessoas, só estava ali há alguns meses e não tinha certeza das decisões que estava tomando, e que o chefe já estava estranhando a demora. Antes de nos aprofundarmos sobre o problema em si, perguntei se ela percebia algum padrão semelhante em sua biografia. Eu a havia lembrado sobre o sapo e também das avaliações que falavam de sua dificuldade em lidar com situações espinhosas. Ela lembrou-se de outros eventos da vida pessoal nos quais adiava decisões até se tornarem inevitáveis e alguém tomá-las em seu lugar. Desde temas de relacionamento pessoal, namoro, projetos, empregos etc.

E a decisão dela foi:

— Preciso quebrar este padrão.

Voltamos então ao tema e repassamos as mudanças, os perfis das pessoas para termos certeza se ela estava sendo ou não leviana nas decisões que tomara. E não! A conclusão foi a de que eram as decisões acertadas.

Refizemos o cronograma. Ensaiamos as conversas de desligamentos e encerramos a sessão.

Na sessão seguinte perguntei como havia sido os seus últimos quinze dias.

Ela contou que fizera os desligamentos. Não foi fácil, mas a reação das pessoas foi melhor do que imaginara. E ela tinha a convicção de ter feito um processo decente, negociando bons pacotes com o RH e, daí em diante, o esforço seria o de ajudar a recolocar aquelas pessoas. A equipe tinha sentido o impacto e ela precisaria trabalhar o time para funcionar na nova organização. Conversamos sobre uma reunião de alinhamento de papéis que ela conduziria com o time.

Perguntei como se sentia depois desse processo. Ela disse que a última sessão havia sido um divisor de águas acerca do tema tratado. Até então, estava muito insegura de como e do que fazer, mas ali percebeu que não era mais aquela menina que não queria dissecar o sapo e nem se aprofundar no vínculo com as pessoas, porque (como no passado) logo poderia não estar mais lá. Por isso decidiu — iria fazer o que precisava ser feito e da melhor maneira possível. E estava satisfeita consigo mesma, com a maneira com que conduzira tudo.

Voltamos à discussão da **Visão de Futuro**, que foi muito rápida e assertiva. Para ela estava tudo muito mais claro — o que queria e o que não queria.

Na penúltima sessão, gerenciamos **Planos de Ação** para chegarmos à **Visão**. Nesta etapa, os seus planos eram o de ficar pelo menos quatro anos naquela organização para ter tempo de consolidar a sua reputação.

Ao final dos quatro anos, a sua expectativa era a de estar pronta para uma diretoria. Como estratégias para dominar a ansiedade, decidiu voltar para as aulas de Yoga, atividades físicas etc.

Na nossa última sessão, avaliamos todo o processo, desde o que combinamos no começo até o quanto havíamos avançado. Para ela, o maior valor agregado foi a autoconfiança. Ela se sentiu empoderada pelo processo para tomar suas decisões e fazer aquilo que precisava.

A última notícia que tive dela foi a de que estava há cinco anos na empresa e era diretora.

Notas

1 Ferramenta disponível no Anexo B — FERRAMENTAS DO *Coaching*

1 Ferramenta disponível no Anexo B

Capítulo 11

Coaching e o Desenvolvimento de Lideranças

Ao longo da última década tenho conduzido programas de desenvolvimento gerencial nos quais o processo de *coaching* tem exercido importante papel.

Uma situação típica é a de o *coaching* apoiar a aplicação do conteúdo que o participante vê em um programa de treinamento. Nesse caso, ele tem contato, por exemplo, com técnicas de *feedback*, liderança situacional, fases de desenvolvimento dos grupos, e ao final é convidado a fazer um plano de ação de aplicação dos conteúdos em seu time. Após o *workshop*, o participante passa por um processo que conta com algumas sessões de *coaching*. Na primeira sessão ele apresenta seu plano e o *coach* o ajuda a formatá-lo. Nas seguintes o *coach* o apoia na implementação do mesmo, preparando-o para as sessões de *feedback* com colaboradores, a conduzir uma reunião mais eficaz com a equipe etc. Neste caso, dependendo do *coachee* e da especialidade do *coach*, o papel de *coach* pode ser alternado com o de mentor.

Depois de dois ou três meses, em um segundo *workshop*, o *coachee* tem a possibilidade de compartilhar os aprendizados, as dificuldades e as melhores práticas com seus colegas.

No modelo apresentado aqui, a efetividade da aplicação dos conteúdos é muito superior ao tradicional, no qual só ocorrem *workshops* presenciais. Além do *follow-up* dos planos de ações, a grande vantagem é a possibilidade da personalização dos conteúdos para o perfil e o cenário em que o *coachee* está inserido. Ele potencializa a assimilação dos conteúdos através do *coach*, e por meio dos *workshops* cria padrões e estilos comuns à liderança, alinhamento de critérios e um *jeitão* para lidar com questões de RH, fortalecendo portanto a cultura organizacional.

O processo de *coaching* também pode ser um grande integrador das ferramentas gerenciais da organização.

Não é incomum vermos nas áreas de RH, ao longo dos anos, a implementação de uma série de ferramentas, tais como Avaliação 360°, Avaliação de Desempenho, Pesqui-

Capítulo 11 – *Coaching* e o Desenvolvimento de Lideranças 109

sas de Clima, Gestão por Objetivos, *Assessment*... Entretanto, muitas vezes esses instrumentos não conversam entre si, ou perderam a força, virando simples processos burocráticos. É formulário que vem e que vai sem maiores consequências, até consolidar a imagem do RH como uma área burocrática e distante da vida real.

No modelo abaixo, vemos um programa de desenvolvimento gerencial, em que uma Avaliação 360° e o sistema de avaliação de *performance* foram integrados ao programa de desenvolvimento gerencial por meio de um processo de *coaching*.

Estrutura do Programa

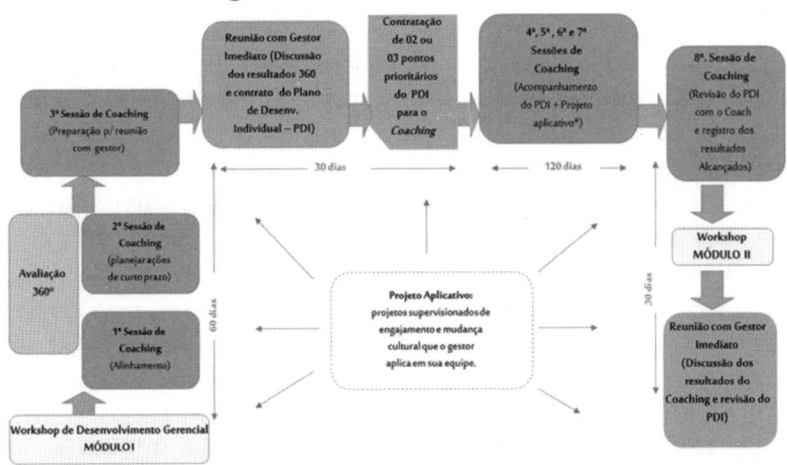

Figura 1

No caso ilustrado, temos um programa com 120 executivos de uma indústria farmacêutica.

A empresa estava em um grande processo de mudança cultural, ancorada em uma nova e inspiradora Visão de futuro e *road map* para os próximos cinco anos.

Um dos seus grandes objetivos era o de se tornar um dos melhores empregadores do país, reduzir o *turnover* e ter sucessores preparados para uma grande onda de crescimento.

O programa de desenvolvimento iniciou-se com um módulo que explorou os aspectos do estilo de gestão da empresa, devidamente identificados em seus conceitos e paradigmas. Ao final de um *workshop* de três dias foram apresentados o processo de *coaching* e os *coaches* que dariam apoio durante o processo. A logística, os processos de agendamento, as políticas de cancelamento etc., também foram passados, bem como foi detalhado o instrumento de Avaliação 360°, seu funcionamento, critérios e procedimentos.

Ao sair do *workshop*, o participante era estimulado a entrar rapidamente em um sistema, cadastrar-se e escolher seu *coach* (quem entrava primeiro tinha mais possibilidades de escolha dentre os *coaches* apresentados). Nessa fase também eram definidas as pessoas que participariam do 360°, os pares, funcionários, diretores, de acordo com os parâmetros do instrumento.

Na primeira sessão, ocorrida até trinta dias após o primeiro módulo, era realizada um alinhamento inicial em que se acordavam expectativas. E o *coach* auxiliava na definição dos participantes da Avaliação 360°. Logo após a sessão, a lista de avaliadores era validada pelo superior imediato e *disparada* para os mesmos.

Na segunda sessão eram aprofundados os temas de desenvolvimento e discutidos os desafios imediatos do gestor.

Na terceira sessão, já de posse da Avaliação 360°, os *coache*s analisaram detalhadamente a mesma e prepararam o *coachee* para uma reunião com seu gestor imediato.

O calendário foi desenhado de tal maneira que a reunião anual de contrato de Planos de Desenvolvimento Individual (PDI) e objetivos aconteceu em curto espaço de tempo após a terceira sessão.

Capítulo 11 – *Coaching* e o Desenvolvimento de Lideranças 111

Durante a reunião com o gestor foram acertados os objetivos para o ano e definida a contratação de dois ou três pontos mais relevantes do PDI. Ao *coach* coube o papel de apoiar os participantes na implementação e desenvolvimento dos seus temas.

A quarta, quinta, sexta e sétima sessões foram de suporte ao desenvolvimento dos temas definidos. A oitava foi de avaliação e de elaboração de planos de sustentação.

No segundo módulo do programa as experiências foram compartilhadas, e trazidos novos conceitos e ferramentas. Logo após esse *workshop*, seguindo o calendário da empresa, uma reunião de acompanhamento com o gestor imediato acontecia.

Ao longo desse processo de quase um ano, o participante era estimulado a fazer um trabalho (projeto aplicativo) visando o fortalecimento na sua equipe da nova cultura e da visão da empresa. O *coach* tinha por objetivo, ao longo das sessões, integrar esse trabalho ao desenvolvimento individual do participante.

Desenvolveram-se projetos aplicativos como: um *team building* com a equipe, reuniões de planejamento estratégico e *feedback* estruturado para membros da equipe, redesenho de processos, diagnósticos, entre outros.

Os resultados do programa foram excelentes. Pela primeira vez o ciclo de avaliação de desempenho aconteceu com *vida*, não apenas cumpriu tabela, e contou com o engajamento de todos os gerentes no processo.

Em outro cliente, uma grande instituição financeira, o programa foi centrado no tema de autoconhecimento e da tomada da gestão da carreira para si mesmo. (Figura 2)

112 Coaching & Desenvolvimento de Lideranças

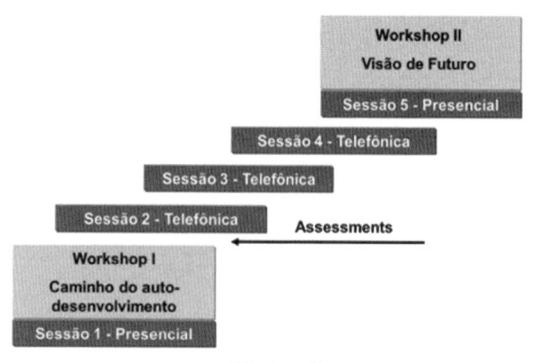

Figura 2

Neste caso, pelo fato dos executivos estarem espalhados pelo país, ao final do primeiro *workshop* havia uma sessão presencial em que o vínculo com o *coach* era criado.

No *workshop* o participante era convidado a fazer, individualmente e depois em grupo, um mergulho na sua biografia profissional. Ele identificava seus talentos, limites e desafios de desenvolvimento, além de elaborar planos de atuação a fim de mudar os padrões negativos de comportamento.

Após o *workshop*, ele fazia um *Assessment*, cuja devolutiva se dava por telefone, e nas sessões seguintes tinha o apoio do *coach* na implementação das mudanças. Voltava, então, para um *workshop* final onde construiria uma Visão de Futuro profissional.

As variações e integrações nesse modelo são inúmeras, apesar do investimento ficar muito mais pesado do que quando se aplica apenas programas presenciais tradicionais. A integração dos dois processos é muito mais efetiva, criando-se, ainda, uma cultura de desenvolvimento e de aprendizagem na organização.

Capítulo 12

Como Medir os Resultados do *Coaching*

Medir os resultados de um processo de desenvolvimento como o de *coaching* é o Santo Graal das áreas de RH.

Vamos ser sinceros! Não há nenhuma maneira confiável/precisa para medir o impacto de um processo de *coaching* — tanto profissional quanto pessoal do ponto de vista da organização —, este é o fato. O que não quer dizer que não precisamos e possamos identificar evidências reais da efetividade do processo.

Quais evidências podemos buscar:

Perícia e segurança para executar determinada atividade

O *coachee*, antes do processo, não consegue executar uma atividade em especial, como por exemplo, conduzir uma reunião de sua equipe seguindo uma metodologia. Depois de passar pelo processo a realiza com desenvolvimento e segurança.

Impacto em variáveis objetivas

Uma pesquisa de clima, uma pesquisa de satisfação dos clientes e uma Avaliação 360°, cujos *gaps* são tratados no processo e depois reavaliados.

Execução de Planos de Ação

O *coachee* cumpre os compromissos estabelecidos durante o processo. Realiza conversas individuais, negocia novos acordos de serviços com fornecedores internos etc.

Mudança de hábitos e comportamentos

Extinção de comportamentos negativos. A mudança no *coachee*, por exemplo, que falava alto demais e as pessoas se sentiam agredidas. Não era pontual, não construía vínculo, falava demais, era prolixo, se expunha muito etc.

Capítulo 12 – Como Medir os Resultados do *Coaching* 115

Novos hábitos incorporados

Desde o de dar um *bom dia* para as pessoas até o de fazer uma demissão de colaboradores, sem ficar empurrando isso com a barriga eternamente.

Geração de Produtos

Um processo de *coaching* que gera em suas etapas um diagnóstico da situação em vigor, uma Visão de Futuro, um PDI (Plano de Desenvolvimento Individual). Ou gera também uma decisão: demito ou não demito alguém, uma nova estrutura por produtos ou por processos, fico neste emprego ou não, vou ser consultor ou executivo etc.

Podemos também calcular o retorno de investimento (ROI) sobre o processo. O *Consulting Group Manchester* chegou a uma média de retorno de 570% em uma amostra de cem executivos da *Fortune 1000*. Esta pode ser uma ferramenta interessante para mostrar a relevância do *coaching* em comparação a outras decisões de investimento. Mas o impacto intangível e subjetivo depende de fatores difíceis de serem definidos — cultura, concorrência, ambiente social e características pessoais, entre outros.

Um bom processo de *coaching* pode gerar impactos no *coach*, na sua carreira, nas suas decisões, seus hábitos e por aí afora. Da mesma forma, poderá impactar na equipe, clientes, chefes, pares, empresas e até família.

Se você quiser uma fórmula, encontrei esta numa das minhas pesquisas: EPC = ΔEL = THE Um -A 0 = (C Um x R Um) — (C0 x R0), ou seja, a eficácia do processo de *coaching* é igual à variação na eficiência de cogeração de liderança executiva *coachee*, que por sua vez é igual à eficácia da liderança *coachee* em tempo 1 (algumas semanas após o encerramento do processo), menos a eficiência da liderança *coachee* no tempo, onde ΔEL é medida através da multiplicação do valor atribuído a cada uma das competências que o *coachee* foi avaliado, multiplicado pelos resultados dos indicadores.

Você não entendeu? Nem eu!

Brincadeiras à parte, é preciso deixar claro para a organização que os resultados, apesar de intangíveis, são esperados e serão avaliados.

Uma maneira simples de fazer isso, desde que adequada à cultura, às circunstâncias e aos objetivos do processo, é realizar a primeira sessão em conjunto com o superior hierárquico.

Nessa primeira sessão alinham juntos os objetivos dos processos e definem a forma para saber se os mesmos foram alcançados.

Depois, ao longo do processo, reunião de novo com o superior hierárquico e avaliação do andamento.

E a avaliação média dos processos de *coaching*? No ano de 2009[1] o ICF (*International Coaching Federation*) encomendou à PricewaterhouseCoopers uma pesquisa que apontasse os efeitos do processo de *coaching*, esta mostrou que 70% dos entrevistados que passaram por um processo de *coaching* melhoraram o desempenho.

- 73% melhoraram a capacidade de se relacionar;
- 72% melhoraram suas habilidades de comunicação;
- 67% melhoraram seu equilíbrio entre trabalho e vida pessoal;
- 62% tiveram novas oportunidades de carreira;
- 61% apresentaram aumento de organização pessoal;
- 57% obtiveram melhor gestão do tempo;
- 27% alcançaram melhor organização financeira.

É claro que estamos de novo no campo subjetivo, mas em geral, se conduzido por um bom profissional e com o engajamento do *coachee*, o sentimento de efetividade de que valeu a pena é muito alto.

Minha experiência mostra que se a pessoa for com as próprias pernas procurar um bom profissional e pagar do próprio bolso, as chances de bons resultados são de quase 100%.

Mas o tema é como medir para a organização. Já ouvi de diretores de RH e ex-*coache*s frases como: "O processo foi maravilhoso para mim, mas não consegui aplicar na organização o que aprendi".

Isto geralmente acontece quando o *coaching* não está integrado em um processo estruturado de desenvolvimento organizacional ou, ainda, vem com uma ferramenta adicional, uma *fruta da estação* (só para mostrar como a organização é antenada e tem as mais modernas ferramentas de desenvolvimento).

Nota

1 Pesquisa publicada pela Revista Você S/A, 2009.

Capítulo 13

O Líder *Coach*

A expressão *Líder Coach*, uma vez *googlada*, terá milhares de definições disponíveis. A maior parte, porém, é muito genérica. Costuma-se ligar a este papel praticamente tudo o que de positivo já foi escrito sobre liderança nas últimas três décadas. Foi neste período que centenas de organizações implementaram programas de desenvolvimento de lideranças sob este título.

As abordagens costumam ficar entre duas polaridades. Uma em que o Líder *Coach* basicamente dá *feedback*s, treina, ensina pessoas e desenvolve funções que sempre tiveram cunho gerencial — um conceito parecido com o de *mentoring* (ver capítulo **Programas de Mentoring**). Em outro extremo, uma definição propõe que o *líder* atue como um *coach externo*, trabalhando apenas com perguntas e com um olhar totalmente focado no desenvolvimento.

O primeiro caso é uma jogada de *marketing*. Coloca-se sob um *nome novo* o básico da atuação gerencial que viemos trabalhando há décadas.

O segundo exige do líder (também pressuposto *coach*) um papel que ele não tem condição de desempenhar, pois para tanto é demandado o conhecimento de técnicas que devem ser desenvolvidas constantemente, com centenas de horas de estudos. Além disso, algumas premissas de uma relação de *coaching* com seu *coachee* não estariam presentes, tais como liberdade e transparência (como o *coachee* vai abrir seus pontos fracos, angústias e medos para alguém que tem o poder de delegar, dar aumento, promover, demitir, transferir etc?). Há outra limitação importante: o líder, na maioria das organizações, tem grande parte do seu tempo tomado pelas funções clássicas de gestão, como planejar, contratar, avaliar e, em última análise, é o responsável pelo resultado.

Nessa abordagem o líder é colocado dentro de programas de longa duração, nos quais ele aprende que para ser um Líder *Coach* só pode fazer perguntas, exercitar-se em profundidade em teorias de *coaching* que, simplesmente, ele não terá tempo para utilizar no seu dia-a-dia, pelo menos não da maneira como são preconizadas em salas de aula. Enfim, as lideranças acabam passando por programas muito parecidos com aqueles que *coaches* profissionais passam.

Programas que, é claro, podem ser bastante interessantes, e que para aqueles que desejam ou têm perfil para ser *coaches* no futuro, são excelentes. Mas, na média, os gerentes levam pouco para o dia-a-dia.

Me lembro do caso de uma cliente que não sabia mais o que fazer com seu chefe. Segundo ela, o chefe fez um curso de *coaching* e voltou marcando reuniões e almoços, durante os quais fazia perguntas sobre a vida pessoal e dava conselhos inspiradores. Ele lhe dizia, por exemplo, que ela deveria ser mais otimista, sorrir mais etc. E não era só com ela, a equipe toda estava constrangida e não sabia o que fazer. Tudo o que era perguntado a ele, era respondido com outra pergunta.

Falei para ela não se preocupar, que aquela situação não ia durar muito. E, de fato, dali a um mês ele desistiu.

Dito isto, é claro que os líderes podem e devem utilizar de ferramentas e técnicas de *coaching*, até porque elas não são exclusivas do *coaching*. Vendedores aprendem técnicas de vendas consultivas durante as quais se trabalham perguntas há muitos anos. Engenheiros aprendem técnicas em metodologias de análise de problemas, há décadas.

As competências básicas do *coach*, como saber ouvir, fazer perguntas, análises, construir visões de futuro e planos de ação, são muito úteis ao líder. Talvez a premissa básica por trás de um Líder *Coach* seja a de que, por ser um líder, além da *performance*, sabe gerenciar processos de desenvolvimento de pessoas. Neste sentido as técnicas de *coaching* podem e devem ser aplicadas, desde que se tenha a clareza dos limites que o papel de líder impõe e a consciência quanto ao grau de desenvolvimento e maturidade de seus colaboradores e dos limites pessoais de abordagem.

Líder *Coach* é, acima de tudo, o líder que além de cobrar resultados, proporciona desenvolvimento aos seus colaboradores e, por consequência, resultados melhores ainda. É alguém que sabe fazer perguntas e também sabe fazer sugestões, sem ser impositivo. Que tem consciência de que os aspectos humanos interferem na capacidade de execução e que erros são oportunidades de aprendizagem. E que sabe conduzir um diálogo de maneira a aprender e respeitar a liberdade do outro.

O Líder *Coach* é um líder que em vez de ensinar, ajuda o outro a aprender.

Capítulo 14

Coaching Group

Uma pergunta que as pessoas costumam fazer é se a essência do processo de *coaching* que acontece entre duas pessoas pode acontecer dentro de um grupo. Esta questão surgiu durante a disseminação da prática de *coaching* executivo nas organizações. E acontece até por analogia, quando leigos compararam o *coaching* a processos terapêuticos, pois neste caso a terapia em grupo é uma prática consolidada há décadas. Mas a terapia de grupo não é uma boa analogia.

Grupos de apoio, como os de alcoólatras e vigilantes do peso, talvez estejam até mais próximos, já que têm objetivos e metas muito concretas.

No mercado se estabelece uma confusão também entre o que é *coaching em grupo* e *coaching do grupo*. O *coaching* de um grupo já existe há décadas, como prática de consultoria. São os processos de *teambuilding* tradicionais que, ao longo do tempo, perderam a característica de processo e passaram a ser tratados como eventos de um tiro só. Um *workshop*, por exemplo, de um ou dois dias, cujos resultados não se sustentam por mais de 30 dias.

Um bom processo de continuidade de *teambuilding* envolve uma sequência de encontros e de atividades que sustentam o desenvolvimento de um grupo no decorrer do tempo. Discute problemas de interação, clarifica papéis dentro do grupo. Amplia a capacidade de entrega e a sinergia de uma equipe que tem um objetivo comum, atuando continuamente para isto. Seja para a tripulação de uma aeronave, de um navio ou para a diretoria de uma empresa.

Este trabalho eu faço há quase trinta anos sob o título de Consultoria. Entretanto, nos últimos anos, para ser potencializado mercadologicamente e quebrar o paradigma de um evento, muitos o têm chamado de *coaching* de grupo.

Mas, o que quero tratar aqui é outra coisa — o que é conhecido no mercado como *Coaching Group* ou, em português, *Coaching em Grupo*.

No *Coaching* em Grupo temos uma equipe composta de quatro a sete pessoas. Um dos participantes traz uma questão (desafio individual) para o grupo e é ajudado por este a refletir, entender e estabelecer um curso de ação para o tema.
Vantagens do *Coaching* em Grupo em relação ao *coaching* individual:

- Permite a um número maior de pessoas ter acesso ao processo.
- Possibilita integração entre as pessoas do grupo.
- *Feedback* imediato sobre as propostas e linhas de ação.
- O outro serve de espelho e referência.
- Dissemina a cultura de aprendizado e do trabalho em equipe.
- Flui o conhecimento e o aprendizado pela empresa.

Desvantagens:

- Pessoas tímidas podem bloquear-se.
- Temas mais profundos podem não ser trabalhados por falta de tempo ou abertura.
- Desconfiança em relação aos outros participantes pode minar o processo.
- Incompatibilidade entre as pessoas do grupo pode gerar resistências.

Para melhor visualizar o processo, segue um roteiro utilizado em uma primeira sessão real com clientes.

Coaching Group — Orientações Gerais para os Coaches

Os encontros consistem em reuniões de meio dia, com até cinco integrantes, facilitados por um consultor externo. Os participantes trazem questões e dificuldades no tocante à atuação como *Líder* e a realização dos trabalhos aplicativos do programa de Desenvolvimento de Lideranças.

Objetivos

- Estimular a realização do trabalho aplicativo;
- Criar condições para o alinhamento e a prática dos conceitos entre os participantes;
- Propiciar integração, compartilhamento de experiências e aprendizados entre os participantes fora do ambiente do programa, ou seja, no dia-a-dia;
- Desenvolver o espírito de dar e receber apoio no processo de encaminhamento das questões;
- Estimular a cultura de trabalho em equipe.

Papel do *Coach*

- Acompanhar: trabalhos intermódulos dentro dos programas de desenvolvimento em que o participante aplica os conteúdos aprendidos na sua equipe.
  Dar novas contribuições que possam ser novas perguntas, sugestões etc.
- Conduzir a dinâmica de trabalho do grupo, garantindo que todas as etapas sejam cumpridas para cada participante;
- Controlar o tempo destinado a cada etapa.

Dinâmica do Trabalho no Pequeno Grupo

Tempo total para cada participante: 30 a 40 minutos.

Etapas:

1. Apresentação da pergunta — 4 minutos.

   O participante (que chamaremos de relator) coloca a sua pergunta e contextualiza o porquê da relevância dela. Ou seja, qual é o impacto dessa pergunta no seu dia-a-dia e porque ela será o foco daquele encontro.

   Vale aqui orientar para que não haja interrupção durante esse primeiro relato. As perguntas devem ser anotadas para o próximo passo.

2. Esclarecimento/ampliação da pergunta — 15 minutos.

   - Grupo escreve as perguntas.

     Mesmo que os integrantes já tenham anotado algo, separe algum tempo para que possam estruturar suas perguntas e colocá-las no papel.

   - Grupo entrega as perguntas, e, todos leem suas questões para o participante (relator).
   - Participante responde as perguntas.

     As respostas não precisam seguir uma ordem específica, tomando o cuidado de perceber que todas foram contempladas.

   - Participante valida ou muda a pergunta.

3. Após falar mais sobre o assunto, pode ser que outro olhar surja sobre a pergunta e uma nova formulação seja feita. Importante validar a formulação anterior da pergunta ou reformulá-la, pois ela irá guiar o próximo passo de sugestões de ação.

4. Opções/contribuições/alternativas — 6 minutos.

   - Grupo escreve suas contribuições em um papel.

     Reserve um tempo para que o grupo possa pensar e estruturar suas contribuições para a pergunta que foi validada ou transformada.

128 Coaching & Desenvolvimento de Lideranças

- Grupo entrega as contribuições e um participante por vez lê suas propostas de ação para o relator.

5. Escolha das ações — 5 minutos.
- Relator escolhe as ações que, naquele momento, lhes fazem mais sentido. Após ouvir as contribuições, ele analisa quais fazem sentido e o que quer e/ou pode colocar em prática. Pode ser uma das ideias, mais de uma, todas, ou até mesmo algo que não foi dito, mas que o exercício o inspirou.
- Facilitador e grupo ajudam a transformar as escolhas em um plano de ação.

  Um dos participantes, no *flip*, ajuda a desenhar o plano de ação do relator. Chama a atenção para prazos, sequência adequada das ações, resultado esperado, responsabilidades, quem pode ajudar, ou para quaisquer outros itens que possam ajudar a consolidar e trazer firmeza para o plano de ação.

6. Avaliação do relator — 5 minutos.
- Relator avalia como foi para ele trabalhar a partir das sugestões e perguntas do grupo.

É importante que o relator não anote nada e fique inteiramente concentrado durante todo o processo. Ao final, ele fica com o *flip* em que foi desenhado o plano de ação, bem como as folhas que contêm as perguntas e sugestões descritas pelo grupo.

Na primeira sessão o grupo começa a tomar contato com seu papel e com o método. Nas sessões seguintes, o processo é flexibilizado, perdendo a rigidez inicial, e são introduzidos novos métodos e abordagens.

Minha experiência com *Coaching Group* tem sido muito mais positiva em organizações em que a prática de *coaching* individual já está consolidada. Os participantes chegam muito mais abertos e com uma expectativa muito mais alinhada com o processo.

Em encontros mensais ou bimestrais com grupos, tive excelentes experiências com o *Coaching Group*, especialmente quando do foco no autodesenvolvimento, em um trabalho a partir da metodologia biográfica.

Os participantes dos grupos, ao serem acompanhados por *coaches* para o levantamento da formação biográfica, têm a oportunidade de olhar suas histórias de vida, seus talentos ou padrões repetitivos e conectá-los aos processos de desenvolvimento da organização. A pessoa pode, por exemplo, olhar a sua história a partir das competências de liderança da organização ou dos seus valores. E a partir deste *diagnóstico*, construir planos de ação e de desenvolvimento.

Talvez a principal contribuição do *coach group* para a organização seja a disseminação de uma cultura de aprendizado contínuo. A de criar o hábito entre seus líderes de compartilharem problemas, aprendizados, desafios etc.

O primeiro maior desafio é o *coach* ajudar o grupo a criar o ambiente de *coaching*, para que as pessoas se sintam à vontade para trazerem suas questões. E depois facilitar, por meio de uma metodologia, para que o grupo ajude a participar, a analisar sua questão e a chegar a um plano de ação que enderece o tema.

Capítulo 15

Dilemas Éticos do *Coaching*

As associações internacionais e nacionais de *coaching* têm seus códigos de conduta¹, no geral muito semelhantes, e são regidos pelos mesmos princípios de profissões cujo objetivo é ajudar o outro, sejam médicos, psicólogos ou terapeutas. Princípios como o de transparência, confidencialidade e respeito; não prometer resultados que não possa cumprir, fornecer informações fidedignas, sigilo das informações compartilhadas pelo cliente e compromisso com os resultados.

Nas profissões da área de Saúde, temos duas figuras — o profissional e o paciente — e alguns *stakeholders*, como planos de saúde, família e empresa, entre outros.

No caso de *coaching* para uma *pessoa física*, temos expectativas muito parecidas. A pessoa física que paga pelos serviços de *coaching* quer obter resultados, transparência, confidencialidade, competência e as demais atribuições/ responsabilidades do *coach*.

No *coaching* executivo, que é a vertente mais comum, temos outro *player* quase tão importante quanto o *coachee* (o porta voz do processo), que é a empresa *patrocinadora*. É ela que na maioria das vezes identificou uma necessidade ou, no mínimo, concordou com uma necessidade proposta pelo *coachee* e procurou contratar e vai pagar pelos serviços do *coach*. A empresa, portanto, tem o direito de receber o serviço que contratou e os resultados combinados.

Temos um triângulo — o *coachee*, a empresa e o *coach*. É como nas relações amorosas; triângulos são mais difíceis de serem administrados do que parcerias.

Um princípio de trabalho de *coaching* que comumente pode trazer *stress* para a relação é a confidencialidade.

Certa vez, em um projeto de *coaching* que envolveria todo um nível gerencial da organização (mais de quarenta pessoas), o princípio da confidencialidade ficou claro e estabelecido ainda na fase de contratação de trabalho. No decorrer do processo, me ligou o presidente da empresa. "Estamos pensando em *tal participante* para um curso no

Capítulo 15 – Dilemas Éticos do Coaching

exterior, mas ouvi de algumas pessoas que ele pretende sair da empresa. Você pode me confirmar isto?".

Sem sequer consultar o *coach* da equipe que trabalhava com o tal participante, respondi que não! Havíamos feito um acordo de confidencialidade. O presidente insistiu: "Só queremos saber se pretende ficar com a gente; mesmo que ele esteja pensando em sair, não vai haver nenhuma retaliação". Eu disse que era melhor conversarmos pessoalmente e juntos com o diretor de RH sobre o assunto, para que o presidente pudesse entender porque não poderíamos agir daquela forma.

Hoje em dia este tipo de postura é muito mais incomum. Quem contrata uma empresa séria para fazer o trabalho de *coaching*, sabe que não é possível compartilhar determinadas informações. Mas é fato que, às vezes, há uma sensação de frustração com o processo por parte da empresa.

Como me disse uma diretora de RH, após um processo de *coaching* (contratado por ela) para si e para todos os seus executivos:

"O processo foi excelente para mim! Não sei o quanto a empresa se beneficiou dele".

Em programas de larga escala com dezenas, às vezes centenas de *coachee*s passando pelo processo, tenho adotado a prática de realizar reuniões periódicas com a equipe de *coaching* e o patrocinador, seja a com diretoria do RH ou com a presidência da empresa.

Quando o trabalho de *coaching* se dá com um grande grupo de gerentes, há uma infinidade de informações úteis que podem ser compartilhadas com a empresa, tais como: Quais são as principais questões de desenvolvimento trazidas pelo grupo? Quais os desafios comuns? Como o grupo de participantes está reagindo às mudanças organizacionais que estão acontecendo? Qual a imagem da diretoria?

São informações que podem orientar a estratégia e as políticas empresariais, sem contudo expor circunstâncias específicas de cada participante.

Como vimos em capítulos anteriores, você pode integrar os patrocinadores ao processo através de programas, ferramentas de avaliação de desempenho, participação do superior imediato, *business partner* e clientes internos. Dessa forma, as informações do processo fluem para o patrocinador de maneira estruturada pela própria fonte, o *coachee*.

Essa postura costuma tranquilizar o patrocinador; é permitido a ele ter um controle dos resultados de processo, com acesso aos conteúdos que o próprio *coachee* compartilha com a empresa, preservando, a este, sua necessidade de manter confidencial aquilo que ele assim quiser.

Uma situação clássica em processo de *coaching* mais aberto, ao se trabalhar com desenvolvimento de longo prazo, é a de o *coachee* descobrir durante o percurso que não quer ficar mais na empresa. O que fazer?

O melhor, antes mesmo do início do processo, é combinar com o patrocinador qual deverá ser a atitude do *coach* para este tipo de situação.

Em determinada empresa, pode ser acordado que o *coach* deva ajudar o *coachee* a refletir se a sua decisão de saída é a melhor. Se este chegar à conclusão de que sim, ajudá-lo a construir um plano de saída.

A orientação mais comum, porém, é a do *coach* dizer que não pode trabalhar com o *tópico* por causa dos conflitos de interesse. Orientá-lo a buscar ajuda e a voltar aos temas, questões de desenvolvimentos, conforme combinado no início do processo com a empresa.

As duas maneiras costumam funcionar bem.

Percebo entretanto que deixar o *coach* aprofundar-se em um tema que aparentemente não interessa à empresa, mas que busca o melhor para o *coachee*, comumente acaba beneficiando também a empresa. Sai quem tem de sair; muita gente que sairia por falta de reflexão e de análise de todas as consequências, acaba optando por investir na organização.

Capítulo 15 – Dilemas Éticos do *Coaching*

Em organizações em crise, já vi muitos depoimentos de *coachee*s que pretendiam abandonar o barco, mas que o processo de *coaching* os ajudou a estabelecer os vínculos com empresa; gente que ia se demitir por não conseguir lidar com o chefe, aprende a lidar e a colocar em perspectiva esta experiência, por exemplo.

Há ainda casos em que organizações querem uma avaliação do *coachee* pelo *coach*. O que *inviabiliza* o processo: "Como vou me abrir com alguém que tem o poder de me avaliar formalmente?".

Pelo histórico, em muitas empresas há uma dificuldade grande dos *coachee*s se abrirem com o *coach*, com medo consciente ou inconsciente de que ao mostrar suas fragilidades, as mesmas sejam compartilhadas pela empresa e usadas por ela.

O *coach* investe várias sessões até conseguir ganhar a confiança do *coachee*. É preciso deixar claro para a organização, em público, este compromisso.

Outra circunstância comum em projetos de larga escala de *coaching* é a de o *coachee* querer continuar o processo pago por ele mesmo. Isto costuma gerar incômodo. Pois insinua a suspeita de que o *coach* possa ter um interesse de criar uma relação de dependência com o *coachee* ou de *vender* mais trabalho.

Na maioria dos meus projetos já combino no início que isto não é possível, ou se estabelece uma *quarentena* por um período.

Já tive problemas com clientes, no início dos trabalhos com o RH, questionando quanto ao fato de o executivo, ao fazer o processo de *coaching* com determinado *coach*, começar a demandar *teambuildings*, *assessment* etc. Produtos ou serviços que são oferecidos pelos *coaches*.

Excluímos da nossa rede de *coaches* quem tem este tipo postura, ou seja, de utilizar uma relação de ajuda para vender seus próprios serviços.

Capítulo 16

Como Encontrar um *Coach*

Nos últimos anos, processos de *coaching* se tornaram quase uma *commodity*. Há milhares de profissionais se apresentando como *coach*.

O sujeito fica desempregado, faz um cursinho de dezesseis horas, providencia um cartão de *coach* e sai batendo de porta em porta. Ou mesmo, às vezes, você contrata uma empresa de *coaching* conhecida e esta, por ter sua equipe principal alocada em outros projetos, sai procurando psicólogos ou executivos sem a formação adequada para alocá-los na nova demanda.

Mesmo as certificações internacionais não são garantia de competência. Eu conheço excelentes *coaches* que não são certificados em nenhuma das grandes associações internacionais e outros, não tão bons, como membros da ECA, ICF, GCC etc.

A primeira coisa a se levar em conta é a de que *coach* não é *hobby*. Um profissional de *coaching* com alguma experiência tem algumas centenas/milhares de horas de treinamento. Não há cursinho de 16 ou 32 horas que formem um *coach*.

Experiência executiva é fundamental? Depende. Eu conheço *coaches* que foram ex-presidentes de grandes empresas, têm excelente formação em *coaching*, mas são profissionais medianos. Por outro lado, conheço *jovens* de trinta a quarenta anos que nunca se sentaram na cadeira de diretor e presidente e são *coaches* talentosos.

Do ponto de vista apenas técnico, não é necessário possuir uma carreira de alto executivo para ser um bom *coach*. Mas não há como negar que esse aspecto facilita o processo de empatia e criação de vínculo, uma vez que o *coachee* sabe que quem está na frente dele já esteve em cadeiras de complexidade parecidas com a sua.

Já aconteceu de, em projetos de desenvolvimento de lideranças, eu mandar uma lista de *coaches* excelentes e o cliente vetar nomes pelo currículo, por não terem sido diretores. E de mandar uma segunda lista com *coaches* não tão competentes, mas com a experiência que o cliente queria.

Capítulo 16 – Como Encontrar um *Coach* 139

A cultura da empresa influencia muito nisso. Em culturas mais competitivas, individualistas e porque não dizer mais arrogantes, é melhor trabalhar com *coaches* com grande experiência executiva. Já que, como sabemos, nos primeiros contatos eles vão ser testados, não por sua competência como *coach*, mas sim pelas competências técnicas.

É preciso analisar com cuidado a demanda/necessidade do cliente. Não é incomum a necessidade do cliente não ser apenas comportamental. Também haver necessidade de *mentoring* em temas específicos além das demandas comportamentais. Neste caso, a experiência executiva do *coaching* pode assumir uma relevância maior.

Tome cuidado com quem se diz consultor e *coach*.

Apesar das metodologias serem parecidas, as competências específicas são diferentes.

Ser bem sucedido em um dos ramos implica numa agenda tomada, sobrando pouco tempo para um ou para o outro.

Quem é muito bom de *coaching*, que é uma atividade intimista, geralmente não é tão competente em condução de *workshops*, e vice-versa. E fazer as duas coisas no mesmo cliente, tal como ser o consultor de uma área e ao mesmo tempo realizar um processo de *coaching* estruturado com o líder, costuma não funcionar.

É difícil desenvolver um papel de facilitador de um grupo e ao mesmo tempo ter uma relação de *coaching* com a liderança. Assim como fazer *coaching* de líder e dos liderados ao mesmo tempo.

É difícil manter a isenção e manter as informações confidenciais de uma atividade para outra.

Para se contratar um *coach* ou equipe de *coaches*, valem as seguintes regras básicas:

- O quanto o profissional se preparou especificamente no tema de *coaching*;
- Em que outros projetos ele trabalha;

- Quais as crenças dele sobre o processo de *coaching*;
- Qual a metodologia;
- Como e porque ele se tornou um *coach*;
- Nos aspectos pessoais verifique a experiência de vida e a capacidade de estabelecer empatia, se o estilo pessoal é adequado à cultura e ao *coachee* específico;
- Qual a experiência executiva dele.

Uma certificação internacional pode lhe dar a garantia da quantidade de horas que o profissional dedicou ao seu desenvolvimento. Mas não lhe diz se este *coach* específico está adequado à cultura e às necessidades de seus executivos.

Peça como referência pelo menos três clientes com os quais ele tenha trabalhado nos últimos dois anos.

Se você for um profissional de RH encarregado do processo, uma dica: não escolha sozinho. Envolva o *coachee* no processo. Não dê só uma opção, dê pelo menos duas. O processo de *coaching* só funciona a partir do engajamento do coachee. A escolha do *coach* é um passo essencial nesse engajamento.

Capítulo 17

Programas de *Mentoring*

Como já dito no primeiro capítulo, existe uma diferença básica entre o mentor e o *coach*.

O mentor trabalha a partir de sua experiência e referências e coloca-as à disposição do *mentee* (aquele que recebe o *mentoring*). É alguém que tem conhecimento ou competência reconhecida em um tema, projeto ou em uma necessidade específica.

Quando falamos de um mentor de carreira, estamos nos referindo a alguém que teve uma trajetória de sucesso e passou por dificuldades e desafios ao longo dela. Estamos tratando, provavelmente, de um diretor, presidente, gerente sênior. Já se estamos falando de um mentor para utilização de redes sociais na internet, possivelmente, este será um jovem *nerd*. Se o caso for um mentor para apresentações eficazes, este será alguém reconhecido exatamente por tal competência na organização.

Você pode contratar mentores externos à organização. Um gestor responsável pela implementação de um ERP, pode por exemplo ter um mentor que tenha sido sócio de uma dessas grandes consultorias e implementou, por anos, projetos de SAP, Oracle etc.

É bastante comum fazer uso da figura do mentor na construção de redes internas de aprendizagem. Programas de *mentoring* já são usuais em centenas de empresas. Os programas instituídos no Brasil, na maioria das vezes, são aqueles de orientação de carreira, nos quais os executivos *seniores*, presidentes, vice-presidentes, diretores e gerentes *seniores* trabalham com analistas, supervisores, coordenadores e gestores com altos potenciais.

O *mentoring* focado em competências técnicas específicas ainda é pouco comum em nossas organizações.

Dentro de um processo estruturado de desenvolvimento, você pode colocar aquele profissional da organização que é reconhecido por sua criatividade e inovação em contato com aquele que é mais conservador, apegado às rotinas e em ações mais tradicionais. Porém é raro.

Nos últimos anos tive uma experiência interessante em um programa em que mulheres que chegaram aos cargos de diretoria, quebrando o teto de cristal que ainda hoje impede, na maioria das organizações, que *elas* assumam as gerências *seniores* e trabalhem como mentores de jovens talentos das organizações, podendo ajudá-los, a partir de suas experiências, a vencerem os desafios específicos do gênero no mundo organizacional.

Na indústria farmacêutica tem-se feito programas em que se definem, dentro de uma equipe comercial (um grande grupo de representantes composto por 150/200 pessoas), quais os *roll models* — os representantes considerados referências em termos de competências específicas, postura, relacionamento com médicos etc.

Nesse caso, pode ser promovida uma situação na qual os outros representantes passem o dia acompanhando as visitas destes *mentores*. Ao final, fazem uma reunião estruturada discutindo os aprendizados do dia. É também possível fazer o contrário — o *mentor* acompanhar o outro representante durante um dia de visita, e ao final lhe dar *feedback* e sugestões numa espécie de *shadow mentoring*.

É importante que a organização tenha clareza das diferenças entre os papéis no processo de desenvolvimento.

Critérios	*Coaching*	**Mentoring**	Gestão
Reconhecimento da Capacidade Técnica	N	S	S
Interesse nos Resultados	S	S	S
Fazer Perguntas	S	S	S
Dar Respostas	N	S	S
Metas Claras	S	S	S
Responsabilidade pelos Resultados	N	N	S
Relação Hierárquica	N	S/N	S
Subordinação	N	N	S

Quando me proponho a apoiar a construção de um programa de *mentoring*, sigo as etapas:

- Primeiro, a partir de entrevistas e reuniões, são definidos os objetivos do programa;
- É importante, nesta fase, alinhar as expectativas da organização em relação ao programa;
- Não é incomum a organização esperar que o mentor resolva problemas de desempenho de funcionários, responsabilidade esta que cabe ao líder imediato. Programas com esta perspectiva frustram todos os envolvidos.

Você pode ter um programa com o objetivo de apoiar o desenvolvimento dos altos potenciais da empresa, acelerando o processo de preparação. Neste caso, será possível um benefício extra, que é a retenção deste potencial. Não só pela oportunidade de aprendizagem com o mentor, como pela sinalização clara de a organização ter planos futuros para o *mentee*.

Ou, ainda, um programa com objetivos mais específicos de transmissão de conhecimento e competência. Como uma organização que estabelece uma relação de *mentoring* entre seus engenheiros *seniores*, que dominam tecnologias específicas, e jovens engenheiros recém-formados.

É possível estabelecer uma rede, envolvendo os executivos que reconhecidamente possuam competência de gestão, de projetos, por exemplo, com um coordenador que pela primeira vez tem a responsabilidade de gerir grupos de projeto.

Desenho do Programa

Definidos os objetivos, tratamos de planejar os passos do programa e suas regras de funcionamento.
Precisamos responder perguntas como:

- Qual o perfil do mentor?

Capítulo 17 – Programas de Mentoring

- Qual o perfil do *mentee*?
- Como vamos fazer o cruzamento das duplas?
- Quais os critérios?
- Qual o papel do mentor?
- Qual o papel do *mentee*?
- Como vamos identificá-los?
- Quais os cuidados com o processo?
- Como vamos preparar o mentor?
- Como vamos preparar o *mentee*?
- Como vai acontecer o processo?
- Como serão sessões de *mentoring*?
- O que deve acontecer minimamente em cada sessão?
- Terão outras atividades? Quais? Exemplo: *mentee* acompanhar mentor em suas tarefas e vice-versa.
- Como vamos identificá-los na organização?
- Como vamos fazer a comunicação do programa?
- Que suporte vamos dar ao processo? Ex.: *coach* externo para mentores?
- Qual o papel do RH?
- O que fazer com as informações/conteúdos das sessões? São confidenciais? Parte delas ou de todas?
- Vamos fazer um piloto?
- Com quem? Onde?
- Qual a duração do programa? Como vamos avaliá-lo?
- Quais os indicadores?
- Quando começamos?

Esta fase é feita em conjunto com a organização. Podemos ter uma proposta inicial e a partir dela refinarmos com a organização.

É importante respeitarmos a cultura da empresa e procurar antecipar os possíveis ruídos do processo.

É muito comum um *mentee* ter uma relação com um mentor da alta administração e levar problemas com seu chefe imediato. Qual deve ser a postura do mentor? Corre-se o risco de você começar a minar a estrutura hierárquica da empresa.

Nos comitês de avaliação que a empresa porventura tenha, qual o papel do mentor? Sai da sala quando seu *mentee* estiver sendo discutido? Ou participa da reunião com o conteúdo? Mas o que é confidencial daquilo que ele e o *mentee* trabalharam?

São questões que precisam ser alinhadas na fase de planejamento.

Identificação dos mentores e *mentees*

Basicamente existem duas maneiras de fazer isso. Em alguns programas, exercer o papel de mentor é atribuição do cargo. Por exemplo, todos os diretores obrigatoriamente são mentores, ou todos os gerentes *seniores* são mentores. O risco deste tipo de abordagem é você ter mentores que não têm o perfil ou o interesse pelo processo. Por outro lado, em organizações com uma cultura de disciplina/missão dada é missão cumprida, você pode, a partir do processo, criar oportunidades de desenvolvimento para os mentores, sendo necessário criar um processo de apoio mais sólido para garantir a qualidade da interação.

Tive boas experiências com programas assim em que o mentor passava, em paralelo com o *mentee*, por um processo de *coaching* externo, para apoiá-lo no seu papel de mentor.

A outra possibilidade é você trabalhar com uma abordagem em que a área de RH identifica quais os líderes que tem reconhecidamente competências para o processo e os convida para serem mentores. Você pode fazer isso através de um *assessment* ou usando instrumentos que organizações já têm, como avaliações 360°, pesquisas de clima etc. Também é possível que o grupo de *mentee* subsidie o processo indicando líderes que eles reconhecem como potencial mentores. É claro que no ambiente organizacional, é preciso administrar as consequências *políticas*. O que fazer com aquele diretor que ninguém identifica como mentor? Pode ser uma boa oportunidade de desenvolvimento ou pode gerar alguém que vai boicotar o programa. O grupo de *mentee* é mais fácil. Geralmente identificamos os participantes dentro de um critério específico. Altos potenciais, *trainees*, participantes do plano de sucessão, novos funcionários etc.

Cruzamento de Duplas

A regra básica é não haver subordinação hierárquica entre as partes. O papel de mentor e de chefe são muito diferentes e com potencial de conflitos.

No caso do *mentoring*, que trabalha com competências específicas, o cruzamento é feito em função da necessidade de desenvolvimento do mentor e da competência do mentor.

Na maioria dos casos, fica bem claro quem deve trabalhar com quem.

No caso de um processo mais aberto, como orientação de carreira ou desenvolver competências gerenciais mais comuns. Os *mentees* e mentores terem algum nível de participação na escolha pode ser produtivo para o processo.

Um mentor para dois *mentees* pode ser um bom número. Mais do que isto, para um executivo de linha, pode ser pesado e a demanda de tempo e dedicação pode inviabilizar o processo.

Um único *mentee*, o mentor pode ficar sem referência do processo. Dois ajudam por comparação ao mentor ajustar sua atuação e diminui o risco do processo distorcer por simpatia ou antipatia.

148 Coaching & Desenvolvimento de Lideranças

A primeira vez que fiz o desenho de um programa de *mentoring*, no século passado. Pedi que os *mentees* apontassem três líderes da empresa que gostariam que fossem mentores. Mas eles não tinham clareza do papel do mentor. Depois de um treinamento de mentores, quase todos pediram para trocar suas escolhas iniciais. É preciso, no desenho do processo, deixar algum espaço para a troca de mentores. Às vezes a relação não funciona e não adianta insistir só para cumprir tabela.

Treinamento de Mentores

Isto é feito com o grupo de mentores, discutir e detalhar o papel do mentor e os cuidados com o processo. Pode variar um pouco em função do desenho específico feito para aquela organização.

Mas, em geral, passa por temas como:

- Mentor não substituir o papel do chefe.
- Sigilo/confidencialidade na relação mentor x mentorado.
- Não gerar expectativa de promoções, aumento etc.
- Abertura e transparência com o mentor.
- Não ser muro de lamentações.
- Disponibilizar tempo.
- Não dar informações confidenciais.
- Não exercer o papel que é do *chefe*.
- Não ser *usado* no processo como escada de carreira.
- Saber ouvir.
- Metodologia para condução de uma conversa de *mentoring*.
- Como trabalhar com perguntas.
- Como construir planos de desenvolvimento.
- Como dar *feedback*.
- Fases do processo de *mentoring*.

Capítulo 17 – Programas de *Mentoring* 149

- Que *produtos/resultados* obter de cada fase.

Dependendo da experiência anterior dos mentores, algo entre oito e dezesseis horas costumam ser suficientes.

Treinamento dos *Mentees*

É importante colocá-los em sala para alinhar o papel e as expectativas do grupo.

É comum expectativas irrealistas de que participar do programa implica em compromisso da empresa de promoção no curto prazo. Ou de *usar* a relação com um diretor para conseguir influenciar decisões da empresa. Aprovação de orçamento de um projeto, reverter uma decisão do chefe etc.

Explicar o processo, cada etapa e os resultados esperados. O *mentee* deve:

- Estar consciente de suas limitações e de seus talentos.
- Clareza dos seus objetivos de desenvolvimento.
- Aberto a *feedback* e a aprendizado.
- Espírito crítico e disposição para agir.

Algo entre duas e quatro horas costumam ser suficientes para sensibilizá-los para seu papel.

Papel de RH

Papel da área de RH é definido na fase de desenho e deve ser de garantia do processo.

Dar suporte técnico aos mentores com recursos internos e se preciso com apoio de consultores.

Monitorar o processo, sessões e a atividade, estão acontecendo? Com que nível de satisfação? Dar apoio logístico ao agendamento das atividades, se necessário.

Promover encontros entre os mentores e *mentees* para compartilhar experiências e avaliar o processo. Medir o impacto do programa nos indicadores da empresa. Encerrar duplas pouco produtivas, cobrar participantes da alta administração.

Abaixo segue como exemplo sugestão de objetivo para um programa de seis sessões

1ª Sessão — Contratação do Processo

Objetivos:
- Criar condições para início da relação.
- Definição do ciclo de trabalho (reuniões).
- Contrato de relação de confiança.

Atividades:
- Clarificação de expectativas.
- Clarificação de papéis e relações.
- Acordos de trabalho.
- Contratação da agenda.
- Definição de objetivos.

2ª Sessão — Exploração e Contextualização

Objetivos:
- Descobrir/definir as questões a serem focalizadas.
- Identificar as necessidades/demandas reais.

Atividades:
- Explorar as questões.
- Formular *perguntas* para provocar reflexão (e não *dar respostas*).
- Explorar possibilidades (ampliar horizontes).
- Estimular criatividade.
- Identificar prontidão/maturidade do mentorado.

Capítulo 17 – Programas de *Mentoring* 151

3ª Sessão — Definição de Objetivos

Objetivos:
- Definição de objetivos de desenvolvimento.

Atividades:
- Referenciar as questões.
- Organizar/filtrar as possibilidades em alternativas (critérios).
- Praticar as escolhas adequadas.
- Fixar os objetivos de desenvolvimento (tendo como referência o perfil de competências da empresa).

4ª Sessão — Implementação das ações de desenvolvimento

Objetivos:
- Identificar, planejar e realizar as ações que atendam aos objetivos fixados.

Atividades:
- Planejamento de ações de desenvolvimento.
- Identificar/definir e escolher caminhos (ferramentas) de desenvolvimento, desafios no trabalho, pessoas, experiências fora do trabalho, leituras, cursos etc. Instrução x Descoberta.
- Definir ritmo/cronograma.

5ª Sessão — Acompanhamento e avaliação do processo

Objetivos:
- Sustentação do processo de desenvolvimento.
- Correção das ações.
- Eventual revisão do plano de desenvolvimento e definição de novas ações, se necessário.

Atividades:
- Relato pelo mentorado das experiências (sucessos/progressos e dificuldades/barreiras).
- Processo conjunto de análise e *feedback*.
- Definição de ações corretivas ou novas ações — reafirmar.
- Avaliar a eficácia da relação de *coaching*.

Cuidados/Recomendações
- Reservar tempo para programa.
- Desmotivação do mentorado.
- Dar *feedback* para mentorado.
- Não se responsabilizar pelo conteúdo técnico.
- Não intervir na relação chefe — subordinado.
- Evitar juízo de valores (não impor modelos).
- Falta de continuidade (não conseguir criar processo).
- Não criar dependência exagerada.

Redes de *Mentoring* são uma ferramenta poderosa de preservação de cultura, retenção de talentos e disseminação de conhecimento pela organização. Em algum momento da história da sua empresa pode ser uma iniciativa que faça diferença para a organização e os participantes.

Capítulo 18

Shadow Coaching

Shadow Coaching é uma modalidade de *coach* que está começando a chegar ao país. Tivemos algumas experiências bem interessantes com ela.

Na prática como ela funciona:
O *coach* acompanha *in loco* o *coachee* no seu ambiente do dia a dia em situações como:

- Apresentações de projetos.
- Reuniões de tomada de decisão com a equipe.
- Reuniões com seus pares.
- Encontro de avaliação de desempenho com funcionários.
- Participação em *workshops*, oficinas e convenções.
- Em um dia ou conjunto de dias típicos de trabalho.

O *coach* acompanha como observador a "performance" do *coachee* nestes cenários reais e pode lhe dar *feedback* imediato ou promovemos sessões de reflexões e aprendizagem com os eventos ainda quentes ou mesmo posteriormente.

As vantagens desta abordagem são inúmeras.

Permite a você trabalhar com o que de fato acontece e não com aquilo que o *coachee* diz que acontece. Você sai de uma dimensão de interpretação dos fatos para uma dimensão em que você tem que lidar com o fato em si.

Os bloqueios do *coachee* aparecem de maneira clara quando ele é confrontado com as observações de um *coach* isento ao evento em si.

Permite a você trabalhar com reações, atividades que muitas vezes têm um impacto significativo no resultado e que não têm como serem identificadas numa sessão tradicional. O tom irônico, a palavra desqualificadora, a postura corporal agressiva ou defensiva etc.

As dificuldades com o processo são óbvias também. Lembrando do princípio da incerteza de Heisenberg. O observador afeta o fenômeno pelo simples fato de estar ali. A

Capítulo 18 – Shadow Coaching

própria presença do *coach* no cenário altera o comportamento do *coachee* e da sua equipe se, por exemplo, ele está observando uma reunião.

Na prática, a impressão que se tem do ponto de vista do *coach* é que na maioria das vezes, depois de algum tempo, as pessoas "esquecem" que o *coach* está ali e se comportam de maneira muito próxima ao natural.

Outra dificuldade é como você introduz a prática na cultura da organização. Tenho clientes que trabalham com processos de *coaching* a muito tempo e a prática já está integrada na empresa. "Aliás, pega até mal você não ter o seu *coach*". As pessoas têm orgulho de dizer que estão fazendo *coaching*.

Introduzir a prática do *Shadow Coaching*, nestes casos, é tranquila. O executivo aponta o *coaching* para a equipe, se necessário explica o papel e o nosso *coach* pode passar o dia ou eventos específicos à "sombra" do executivo, sem maiores consequências.

Nas empresas em que a prática de *coaching* é associada a mal desempenho ou existem problemas sérios na gestão, o executivo não se sente confortável.

O melhor cenário para se promover a prática é quando o presidente introduz a prática com ele e sinaliza para a organização que quer cuidar do seu autodesenvolvimento e a prática que está é a esperada dos seus executivos.

O *shadow coaching* exige do *coach* uma grande capacidade de observação de detalhes e de compreensão do *coachee* dentro do seu contexto e cultura. Observar e descrever o que se observa também exige técnicas e modelos específicos. O *coach* precisa manter uma relação de isenção profunda para não contaminar a observação com seus valores, crenças, antipatias e simpatias.

O *shadow coaching* pode ser um excelente complemento ao processo de *coaching* tradicional.

Ele permite ao *coach* fazer perguntas de confronto bem interessantes. Por exemplo:

Nesta reunião com sua equipe, você falou 90% do tempo e sua equipe 10%. O que isso lhe diz?
— Você interrompeu o cliente oito vezes em 15 minutos. Isto tem alguma consequência?
— Você falou com seu funcionário sem tirar os olhos do computador. Como você acha que ele se sentiu?
— Doze pessoas entraram na sua sala esta manhã e interromperam seu trabalho. Como isto afeta a sua produtividade?

A reflexão permite o aprendizado imediato e logo na sequência na reunião seguinte ou dia seguinte, o *coachee* pode implementar mudanças e de novo corrigir/ajustar seu comportamento com ajuda do *coach*.

A perspectiva é que à medida que a prática de *coaching* como um todo vá se disseminando, o *shadow coaching* vai vencendo a principal barreira que é a crença de muitos executivos que não podem mostrar fraquezas ou que estão aprendendo.

Imagino que o *shadow coaching* deva se tornar bastante comum em alguns anos.

Conclusão

Ao longo dos anos tenho facilitado muitos encontros de *coach*es, nos quais compartilhamos dificuldades, desafios e aprendizados. Uma frase típica que escuto dos *coaches* e líderes *coach* é: "Não tenho certeza de que meu *coachee* esteja aprendendo muito, mas tenho certeza que eu estou". Talvez esta seja a verdade mais profunda do processo. A de que ao tentarmos intencionalmente ajudar o outro, estamos na verdade ajudando a nós mesmos.

O processo de se tornar *coach*, aprender a ouvir, fazer perguntas, calar sua mente, se colocar a disposição do outro, é um profundo caminho iniciático moderno. Se nossos ancestrais foram a templos de mistérios, a ordens religiosas, às cruzadas para encontra-se a si mesmos, o *coaching* pode ser um dos caminhos modernos de desenvolvimento pessoal e espiritual. Rudolf Steiner disse:

"Autoconhecimento verdadeiro
só é concedido ao homem
quando ele desenvolve
afetuoso interesse por outros;
conhecimento verdadeiro do mundo
o homem só alcança
quando procura compreender
seu próprio ser".

Rudolf Steiner

Anexo A

Roteiro de Observação

O Desafio do Líder no Desenvolvimento do seu Time

Roteiro de Observação — Daniel Burkhard
1. Observe.
2. Anote o que você percebeu.
3. Anote as palavras e os fatos que ouviu e viu.

Aspectos a serem observados:

Conteúdo
O grupo usou todas as informações que os seus membros tinham disponíveis?
- O problema ficou claro para todos?
- O grupo conseguiu ter uma imagem comum?
- Houve desvios para outros assuntos?
- Alguém forçou a decisão?
- A decisão foi criativa?

Interação
- Todos participaram?
- Alguém saiu frustrado, magoado?
- As pessoas ouviam? Se entediaram?
- Quem *cortou* quem? Quando?
- O que você *sentiu* do clima da reunião?
- *Piramidaram*?
- Alguém não abriu mão do seu próprio *ponto de vista*?
- Todos falaram? Quem falou demais? Quem falou de menos?

Procedimento
- O grupo seguiu o processo de decisão: planejamento, formação de imagem, julgamento, decisão, avaliação?
- Houve critérios/premissas para a decisão?
- Todos estavam comprometidos com a decisão? Quem não estava comprometido?
- Alguém fez anotações durante o procedimento?

Liderança
- Quem liderou/dominou? O grupo *consentiu* com *essa* liderança?
- O líder estimulou alternativas opostas? Qual foi o estilo de liderança?

[Reprodução do Artigo]

O desafio do líder no desenvolvimento do seu time
Jaime Moggi

Uma das grandes questões que as organizações têm atualmente é a de como identificar um bom líder. Todas as empresas anseiam por um *líder ideal*. Aquele que siga todos os princípios modernos de gestão de pessoas, que esteja sempre atualizado, procurando novos conceitos. Que seja participativo, saiba olhar para as pessoas, confiar, delegar, atingir resultados, que atue como *coach* quando necessário, faça as perguntas certas etc.

O processo de seleção ou de promoção é rigorosamente executado e o *eleito* assume a equipe. A partir disso, um dos cenários mais comuns com o qual me deparo é o seguinte:

O líder assume um grupo de *cobras criadas*. Dentro desse grupo, normalmente, há alguns integrantes que *sonhavam*, ou melhor, consideravam-se aptos a assumir tal posição, mas, *injustamente*, foram preteridos pela área do RH em detrimento de alguém que não sabe como as *coisas realmente funcionam*. Outros, muito ligados à liderança anterior, passam a considerar o novo líder como uma *ameaça*, e há ainda, felizmente, alguns com uma expectativa positiva.

Diante desse cenário, o líder, recém-chegado, assume uma postura de facilitador da equipe, ajuda a planejar, levanta questões, compartilha decisões, divide angústias, promove reuniões a fim de envolver as pessoas etc.

Enfim, executa cada passo do manual das boas práticas de liderança.

Em poucas semanas começam os mexericos, com comentários do tipo: "Ele não entende da parte técnica e nem está interessado em aprender", ou então, "Você viu ele naquela reunião sobre o produto, até tirou um cochilo!", ou ainda, "Ele não sai a campo!", e mesmo que ele saia, "Saiu a campo, mas não tinha uma sugestão sequer pra dar!".

Não demora muito e tais comentários chegam à vice-presidência ou ao superior do líder contratado. Nesse ponto, as pessoas começam a desafiar o novo líder em público, questionam as decisões tomadas por ele, e mesmo os integrantes do grupo mais bem intencionados se sentem inseguros em apoiá-lo.

O próximo passo é um pequeno grupo ir até à área de RH *compartilhar* as dificuldades com a nova gestão junto à diretoria.

Em muito pouco tempo, a pecha de *bundão* fica rotulado na cara, ou melhor, nas costas do novo líder. Na primeira turbulência demitem o *líder servidor* e contratam um *líder feitor,* um cara *linha dura,* afinal, é disso que o grupo precisa! E assim corta-se o mal pela raiz.

Outra possibilidade menos radical é pedir ao RH que arranje um consultor para fazer um *team building milagroso.* E, como milagres não existem e nem tampouco o consultor é um *santo milagreiro,* normalmente acontece que a situação melhora, mas por pouco tempo; na primeira crise, volta ao cenário anterior.

Então, o que fazer? Situações como essas são reversíveis? Sim, mas demandam tempo, esforço e um inevitável desgaste, além de alguns mortos e feridos pelo caminho.

A pergunta é: como evitar que isso aconteça?

Não é fácil, mas você pode começar adotando uma postura menos ingênua. Outro fator importante é conhecer

Anexo A – O Desafio do Líder no Desenvolvimento... 163

como o processo de desenvolvimento de um grupo funciona. Ou seja, de maneira arquetípica, podemos dizer que um grupo passa por três fases de desenvolvimento — a imatura, a racional e a madura.

Fase imatura

É a fase que todos nós já vivenciamos nas organizações. Um bom exemplo é a primeira reunião de trabalho com um chefe novo. Quais seriam suas preocupações? Podemos listar algumas delas:

- Como conseguir atingir o objetivo proposto?
- Como contribuir da melhor forma?
- De que maneira cooperar com os meus colegas?

Talvez estas questões sejam verdadeiras, mas não seria nada incomum se, em vez dessas questões ou paralela a elas, você se perguntasse:

- Como posso causar uma boa impressão?
- Será que é melhor eu ficar quieto para ver como a *banda toca*?
- Como será que ele gosta de trabalhar?
- O que será que os *puxa-sacos* vão fazer?

Você, com certeza, encontrará dentro das organizações grupos em que as pessoas não têm clareza dos seus papéis, são extremamente competitivas e, na maioria das vezes, estão magoadas umas com as outras. As reuniões são confusas e ficam sem sentido. Uma boa imagem para ilustrar um grupo assim é a de um zoológico.

Podemos brincar um pouco com o tema e dizer que nos grupos imaturos você tem vários animais[1]:

---

[1] Lauro de Oliveira Lima, Dinâmicas de Grupo na Empresa, no Lar e na Escola.

Começando pelo leão. Quando um *leão fala* todo mundo escuta; ele é charmoso, carismático, mas por outro lado, não é de colocar a *mão na massa* e sempre deixa a caça para as leoas. É o famoso *leão de workshop.*

Você também tem o tigrão, agressivo, duro; tudo o que as pessoas dizem está errado e ele gera conflitos o tempo todo.

Podemos também mencionar o hipopótamo. O negócio dele é desfrutar, curtir. Você só vê os olhos dele acima da mesa de reuniões, o resto do seu corpo está todo embaixo, bem relaxado.

Também temos o macaco. E o que um macaco faz de melhor? Macaquices. Esse é o contador de piadas, só ajuda a desconcentrar as pessoas.

O esquilo; muito tímido, quase imperceptível, só aparece quando os animais maiores estão quietos. Aí ele surge rapidamente, dá sua contribuição e se esconde.

Temos também a girafa; altiva, silenciosa, sempre com um ar *blasé*... Como se a discussão fosse muito *micha* para ela dar sua valiosa contribuição.

E o pavão, sempre mostrando sua cultura, na maioria das vezes totalmente inútil.

A gaivota, também é fácil de encontrar. Começa a falar e vai, vai, vai alçando voos cada vez maiores. Se ninguém der um tiro nela, estão todos perdidos.

O camaleão; imóvel, vendo pra onde o vento ou a autoridade sopra , muda de opinião com uma rapidez inacreditável.

E o casal de pombos; sempre arrulhando, entre eles e, óbvio, você até consegue escutá-los, mas é impossível saber o que estão dizendo, ou melhor, arrulhando.

As hienas, rindo e apoiando tudo que o leão fala.

O tamanduá se preocupa somente com o *como*, enquanto o grupo nem se quer conseguiu definir o *quê*. Perde-se nos detalhes daquela reunião de planejamento estratégico.

A coruja não fala nada, mas presta uma atenção danada.

Anexo A – O Desafio do Líder no Desenvolvimento... 165

E a serpente... O que você pode esperar de um bicho que tem a língua bifurcada? Bom, se você perguntar a ela o que achou do trabalho feito, a resposta será nada menos que: "Maravilhoso! Trabalhar com vocês é um privilégio". Quando acaba a reunião ela vai direto à sala do presidente e sibila: "Chefe, você não imagina o que eles estão aprontando".

Por fim, este grupo tem um processo de tomada de decisão que é um verdadeiro caos.

E agora, imagine você sendo colocado para liderar este bando! Sinto lhe informar, mas a primeira coisa que ele vai fazer é testá-lo. E isso vai acontecer a cada oportunidade que surgir. Neste estágio, o que o grupo respeita é o conteúdo técnico que você possui, suas competências, inteligência, ideias e direção.

Se você acabou de chegar na empresa, precisa estar ciente de que terá uma trégua de dois meses (às vezes menos) para fazer todas as perguntas *estúpidas* que quiser. Depois disso, a trégua acaba.

Para melhorar esse cenário, estude ao máximo a parte técnica, aprofunde-se, não caia na armadilha de tentar construir todas as respostas em conjunto. Lembre-se, este grupo não é capaz de consenso. Às vezes, nem de consentimento. O que este grupo precisa é de direção, de clareza para onde vai. Precisa de alguém que tome a decisão quando não for possível chegar a um acordo. E esse alguém é você.

O segundo grande erro que você pode cometer é continuar agindo da mesma forma. Muitos gerentes continuam dando conteúdo, decidindo o que fazer o tempo todo e assim acabam presos nas armadilhas de um grupo imaturo. Este é o tipo mais comum encontrado nas organizações, ou seja, o grupo é completamente dependente do líder, apático e, na maioria das vezes, perdido em intriguinhas, de modo a ficar bem com o chefe.

O que este grupo pede acima de tudo é organização e método. Pra começar, você deve dar menos conteúdo (paulatinamente) e criar um processo que permita ao grupo se desenvolver.

Se você tem um daqueles grupos que não fala nada; quando você pergunta, ninguém responde e todo mundo fica só esperando você falar, estabeleça uma pauta para as reuniões e faça com que as pessoas participem. Peça um tema específico. Proponha, por exemplo, que numa próxima reunião, cada uma das áreas traga um diagnóstico dos seus processos e propostas de melhoria e as apresentem.

Preocupe-se com a forma e o método e vá deixando que o conteúdo seja preenchido cada vez mais pelo grupo.

Depois de um tempo, você começará a ver o grupo evoluindo para uma fase que chamamos de racional.

Fase racional

Nesta fase os objetivos são claros. As pessoas colocam suas contribuições, bem como conseguem esperar a outra acabar de falar para então contribuir. As reuniões têm hora para começar e terminar, ao contrário de um grupo imaturo, em que, as mesmas até têm hora para começar, mas nunca terminam e acabam sendo abandonadas.

A qualidade e a produção do trabalho do grupo aumentam gradativamente. Mediante cinco propostas para resolver um problema, pode apostar que nesta fase a escolha será pela melhor. Já no grupo da fase imatura, escolhe-se a do chefe ou então a da pessoa que falar mais alto.

Com a metodologia adequada, o grupo vai andar sozinho com o passar do tempo. O seu papel como líder é o de corrigir rumos, zelar pelos acordos e processos a fim de que sejam cumpridos.

Mas talvez você queira mais! Ou então, o grupo está *entediado*, cumpre seus compromissos com qualidade, dentro dos prazos, mas a motivação começa a declinar; alguns ficam rígidos demais e pessimistas. O sistema e as regras acabam ficando mais importantes do que o resultado.

Para exemplificar como isso acontece, uma passagem pela qual passei pode ser bem interessante:

Eu estava coordenando uma convenção de RH dentro de uma grande organização. Eram cinco as áreas de RH que compunham a estrutura, sendo que cada uma tinha vinte minutos para fazer uma apresentação.

Uma das áreas contava com um projeto muito importante, que impactaria sobremaneira as pessoas presentes. Porém, decorridos os vinte minutos, a apresentação ainda não havia chegado ao final e encontrava-se num momento crucial, com perguntas importantes ainda sendo feitas. Prorroguei a finalização por mais cinco minutos, fazendo uma realocação desse tempo extra em uma das minhas palestras. Com isso, mantive o tempo correto das outras áreas, sem prejudicar ninguém.

No final do dia, recebi como *feedback* dos gerentes que o *consultor* privilegiou uma área em detrimento das outras. Este tipo de situação ilustra bem um dos problemas que o grupo pode enfrentar neste estágio.

O grupo não tem necessidade de mais conteúdo e nem tampouco de mais organização.

Agora é o momento de você focar no que acontece entre as pessoas, na interação entre elas, é a fase de amadurecimento.

Fase madura

Gerenciar conflitos, criar espaço de aprendizado. Fazer perguntas. Deixar que outros assumam o seu papel. Dar *feedback*, criar condições para que o grupo se autoavalie. Criar uma relação de confiança.

Você começa a ter um grupo com objetivos e processos claros, entretanto flexíveis e que evoluem durante a discussão.

As pessoas efetivamente se ouvem, chega a haver momentos de silêncio durante as discussões, quando estão processando o que foi dito, sem aquela ansiedade do grupo imaturo. Elas abrem mão com facilidade dos seus pontos de vista, desde que isso favoreça o processo. Se tivermos cinco propostas, criaremos uma sexta *fora da caixa*. O grupo se desafia constantemente.

A liderança flutua em função do desafio e você está a serviço do organismo e é parte integrante dele.

Voltemos ao passeio pelo zoológico... Nossos animais continuam ali, mas diferentes.

O leão usa seu carisma para engajar as pessoas.

A gaivota dá a visão do todo.

O macaco diminui a tensão, quando necessário.

E quanto à serpente? Foi expulsa do *Paraíso*? Não! Ela continua lá, só que com outro diálogo: "Pessoal, o projeto é ótimo, mas se o apresentarem para o diretor do jeito que está, vão tomar um não na cara". E ainda acrescenta: "Ele tem um gerente que é a eminência parda dele. Vamos lá conversar com ele, engajá-lo e deixá-lo vender a ideia. Na reunião da diretoria, com certeza, o projeto vai emplacar!".

Este time de alta *performance* é aquele do qual as pessoas vão se lembrar, por muito tempo, como um período de grande aprendizado e transformação na organização.

É claro que tudo que foi dito aqui, não precisa acontecer exatamente nessa cronologia. Algumas coisas podem acontecer concomitantemente.

Também podem não ter cores tão fortes e caricaturadas como as colocadas aqui. Mas a ideia geral é a de que exista um processo de evolução nos times, no qual você possa adequar sua postura e atuação de acordo com a fase do desenvolvimento do grupo, sem abrir mão de suas crenças e valores.

Pessoas individualmente maduras não compõem, necessariamente, um grupo maduro. Estar a serviço do desenvolvimento do grupo, não quer dizer ser ingênuo, ignorando os *Jogos Corporativos* presentes nas organizações. É preciso, sim, entendê-los, para minimizar seus efeitos.

Anexo A - O Desafio do Líder no Desenvolvimento... 169

Como líder, você está a serviço do desenvolvimento da organização e do grupo.

A conclusão é a de que não dá para saltar do grupo imaturo para o maduro. Aqui também a natureza não costuma dar saltos, mas você pode acelerar este processo. Ou pelo menos, fazer com que os aspectos mais negativos não apareçam com tanta intensidade.

O segredo é consciência. Trazer consciência ao grupo, cuidando para que ele migre para um patamar superior.

A melhor coisa a fazer para o desenvolvimento do seu time é criar um espaço para que ele possa se autoavaliar.

Talvez um encontro de duas horas, a cada quinze dias, ou outro intervalo, dependendo da característica do seu negócio.

- O que fizemos bem?
- O que poderíamos ter feito melhor?
- O que vamos manter para o próximo período?
- Quais os cuidados que precisamos tomar?

Nas primeiras avaliações, você terá um papel mais ativo. Até que as pessoas percebam que o objetivo é o desenvolvimento, e não o constrangimento. Com o tempo você conseguirá ter um papel mais de apoio ao grupo. Colocando-se a serviço dele.

O primeiro tipo de grupo, chamamos de *bando*; o segundo, de *comitê*; o terceiro, de *time*. Fazer esta trajetória com o grupo é o seu desafio como líder.

É claro que neste caminho você também passará por um intenso processo de aprendizagem e mudança. Minha sugestão é a de que você comece o processo se perguntando: Em qual estágio o meu grupo está? O que eu preciso mudar em mim para que ele comece a mudar?

E você também vai precisar de uma boa dose de paciência e disciplina.

Mas também ninguém disse que ser líder era fácil.

Anexo B

Ferramentas do *Coaching*

É claro que o melhor instrumento do *coach* é ele mesmo. A habilidade de fazer perguntas, criar empatia, seu domínio das metodologias, experiência de vida e presença de espírito. Podemos dizer que esse profissional deve fazer jus ao que disse Jung: "Conheça todas as teorias, domine todas as técnicas, mas ao tocar em uma alma humana, seja apenas outra alma humana".

Mas, como apoio ao processo de *coaching*, é interessante que o *coach* possua um repertório de ferramentas e instrumentos a fim de poder ajudar o *coachee* a manter o foco, estabelecer conexões e gerar *insights*.

Ao longo dos anos, vemos sendo utilizados alguns instrumentos que se mostram bem úteis. Vou trazer alguns deles para ilustrar e servir de referência para que você crie e pesquise seus próprios instrumentos. As ferramentas listadas aqui são em maioria adaptações de instrumentos do Programa de Formação Biográfica de Gudrun Burkhard e os formulários pertencentes ao Programa Adigo de Formação de Consultores e Líderes Facilitadores. Os que não o são tem suas fontes indicadas disponíveis para consulta.

Antes, vamos resgatar o processo de *coaching* e suas fases:

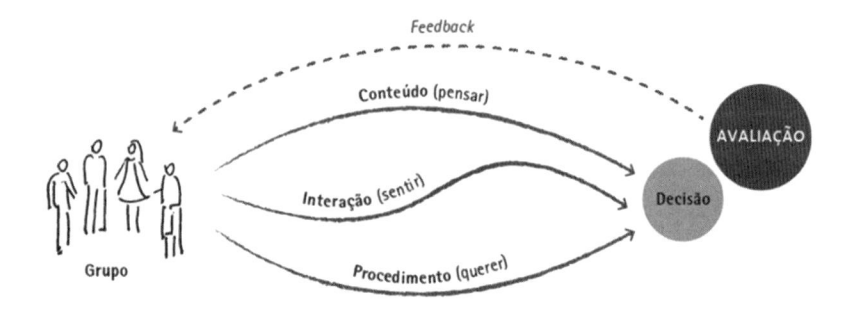

Anexo B – Ferramentas do *Coaching* 173

O Processo de Coaching					
1- Contratação	2- Exploração e Diagnóstico	3- Construção da Visão e Objetivos	4- Execução e Acompanhamento	5- AVALIAÇÃO E ENCERRAMENTO	
✓ Apresentações pessoais ✓ Apresentação do processo de coaching ✓ Expectativas ✓ Processo de trabalho/agenda ✓ Compromissos/regras de trânsito ✓ Análise dos resultados de avaliações (quando aplicável) ✓ Definição do tema inicial ✓ Contratação	a) VIDA ✓ Auto percepção ✓ Biografia b) PROJETO PROFISSIONAL ✓ Contexto ✓ Desafios ✓ Incômodos e Preocupações	a) VISÃO DE FUTURO ✓ Estratégia de desenvolvimento b) PROJETO PROFISSIONAL ✓ Plano de Ação ✓ Ações ✓ Fontes de pesquisa ✓ Rede parceiros ✓ Indicadores ✓ Impactos ✓ Prazo	a) PROJETO DE VIDA ✓ Reflexões e aprendizados b) PROJETO PROFISSIONAL ✓ Acompanhamento do processo ✓ Replanejamentos ✓ Reflexões e aprendizados	a) PROJETO DE VIDA ✓ Avaliação ✓ Planejamento do processo de autodesenvolvimento b) PROJETO PROFISSIONAL ✓ Lições aprendidas ✓ Sustentabilidade	

1. Contratação

A experiência mostra que o ato de escrever traz consciência para as decisões e acordos que, numa simples conversa, seriam diferentes. Poderiam ficar perdidos, ou teriam observações importantes implícitas, mas não explicitadas da maneira como deveriam.

Um formulário simples, que pode ajudar, precisa conter as seguintes perguntas:

Coaching/Contratação

Qual é a minha expectativa em relação a este processo?

O que gostaria que acontecesse neste processo?

Qual é a minha contribuição para este processo? O que eu me proponho a disponibilizar?

*Ver Capítulo I do livro *Liderando pela Essência*, de Jaime Moggi, e *Assuma a Direção de sua Carreira*, de Jair Moggi.

Com que questões estou chegando aqui?

Que objetivos pretendo atingir com o processo de *coaching*?

Quais devem ser os nossos acordos?
(frequência, agenda, faltas, relação, cobrança de resultados...).

Na contratação, uma boa dica é contar brevemente sua biografia (uns cinco a dez minutos) e pedir que o *coachee* compartilhe a dele com você. Observe que o *tom* adotado, ao vender a sua história (mais pessoal ou profissional), tende a ser seguido pelo *coachee*.

Exploração:
Para a fase de exploração de algum processo, a organização disponibiliza testes/*assessments* que podem ajudar. Sendo os mais comuns o MBTI, DISC, MEP etc.

Anexo B – Ferramentas do Coaching

Dentro da nossa abordagem, a biografia costuma ser um instrumento útil.

Podemos pedir para que, entre uma sessão e outra, o *coachee* prepare o seu Mapa de Memória. Não sendo nada mais do que uma retrospectiva da sua biografia.

Com nosso trabalho a partir da Antroposofia, usamos a divisão da história biográfica em setênios.

Segue o Mapa da Memória destinado ao *coachee*, habitualmente usado por nós:

2. Mapa da Memória[1]

Mapa Biográfico Profissional

No material a seguir, cujo conteúdo solicitamos refletir e responder antes do nosso encontro, contamos como pano de fundo a sua vida profissional passada, presente e futura.

O material resultante dessa reflexão servirá de referência para o seu processo de *coaching*. Lembramos que o principal objetivo deste exercício é propiciar uma oportunidade orientada para revisitar sua carreira profissional, identificando questões e situações a serem reformuladas, potencializadas ou completamente mudadas, a partir de uma abordagem de desenvolvimento voltada para ações conscientes no futuro.

Este exercício baseia-se no Método Biográfico, que está fundamentado em uma reflexão e análise estruturadas da vida e carreira do participante. Portanto, acontecimentos significativos formam o material primordial a partir do qual o participante elabora sua reflexão.

Nota

1 Daniel e Gudrun Burkhard — Formação Adigo de Consultores e Líderes Facilitadores.

O levantamento prévio destes eventos biográficos melhora a qualidade do próximo exercício e começa a preparar e conscientizar o participante para a abordagem utilizada. Para ajudar a fazer uma reflexão mais profunda, recomendamos *organizar a memória*. Este exercício é estritamente pessoal e confidencial, para utilização exclusiva do participante. Não será apresentado formalmente para o grupo que realizará o exercício, mas servirá de referência para o próximo exercício.

Comece a refletir sobre a sua biografia profissional, trabalhando as seguintes questões:

I. Que posições ocupei e por quais eventos importantes passei ao longo de minha biografia profissional?

II. Que dificuldades e ameaças enfrentei na minha carreira?

III. Qual foi a intensidade do desenvolvimento e aprendizado que cada passo da biografia profissional me propiciou?

O Mapa da Memória, uma tabela nas próximas páginas, pode auxiliá-lo na tarefa de organizar os pensamentos.

a. Na primeira coluna você encontra os períodos de sua vida agrupados por setênios. Talvez você possa relembrar-se de certos eventos apenas referindo-se à determinada época da vida.

b. Procure na sua biografia os Desafios (fatos marcantes e realizações pessoais e profissionais) que significaram muito em sua vida, no sentido positivo e no negativo. Coloque os acontecimentos em ordem cronológica, por setênio.

* Daniel e Gudrun Burkhard — Formação Adigo de Consultores e Líderes Facilitadores.

c. Uma terceira maneira de olhar para uma vida é através das Pessoas ou encontros significativos.

Enumere as pessoas envolvidas nos eventos relatados ou que foram especialmente importantes (positiva ou negativamente) nesta fase.

d. Registre na quarta coluna as Crises que marcaram sua biografia e que de alguma maneira influenciam sua vida até hoje.

e. Registre também nesta última coluna outras questões de sua biografia que não se enquadrem nas colunas anteriores.

Você pode optar por trabalhar as colunas verticalmente, de maneira sequencial, ao invés de cada linha horizontal dos setênios, ou até percorrer primeiramente alguns *quadros* mais importantes isoladamente e preencher depois os demais.

Não é necessário descrever detalhes, escreva apenas alguns títulos, nomes ou palavras-chave. O importante é você reviver conscientemente o seu percurso da vida e registrar alguns pontos que irão ajudá-lo no próximo exercício.

SETÊNIOS	DESAFIOS	PESSOAS	CRISES	ACONTECIMENTOS/ DIFICULDADES	REALIZAÇÕES/ CONQUISTAS
1 a 7 anos					
7 a 14 anos					
14 a 21 anos					

21 a 28 anos					
28 a 35 anos					
35 a 42 anos					
42 a 49 anos					
49 a 56 anos					
56 a 63 anos					

Questões para Reflexão

1. Interesses e Potenciais (Até 21 anos)
1.1. Do que eu gostava de brincar?
1.2. Quais áreas de estudo mais despertavam o meu interesse?
1.3. Que atividades esportivas gostava de praticar?
1.4. Com quais atividades artísticas me envolvi?
1.5. Que papéis e/ou liderança eu exercia nos grupos dos quais participava — amigos, escola, igreja etc.?

1.6. Que potencialidades e talentos tornaram-se evidentes até meus 21 anos? Quais desenvolvi e quais deixei para trás?
1.7. Quais eram meus ideais na adolescência?
1.8. Que mensagem esses fatos estão tentando me mostrar?
2. Carreira
2.1. Posições

| Organização | Posição/Cargo | Idade |

2.2. Quais foram os eventos e crises profissionais que mais impactaram a minha vida profissional e/ou pessoal?

| Evento | Idade | Aprendizados |

2.3. Quais foram as pessoas que mais influenciaram/impactaram para o bem ou para o mal a minha vida profissional?

| Nome da pessoa | O que aprendi com essa pessoa? |

2.4. Que decisões/ações acertadas tomei em relação à minha carreira? O que me levou ou me condicionou a tomar essas decisões/ações? O que foi consciente e o que foi inconsciente?
2.5. Que decisões/ações equivocadas/ inadequadas tomei em relação à minha carreira? O que me levou ou me condicionou a tomar essas decisões/ações?

| O que foi consciente e o que foi inconsciente? |

.6. Quais foram as forças propulsoras da minha carreira? Que competências e motivações me levaram a chegar ao estágio atual?

2.7. Quais foram as principais barreiras, dificuldades da minha carreira? Que questões minhas, de competência, atitude, culturais etc, dificultaram o meu caminho?

2.8. Que impulsos e sonhos não realizei e ainda vivem em mim?

2.9. O que me dá prazer no meu dia-a-dia profissional? O que tenho satisfação em realizar? O que me estimula?

2.10. O que não me dá prazer no meu dia-a-dia profissional? O que tenho não tenho satisfação em realizar? O que me desestimula?

2.11. Se eu pudesse recomeçar a minha vida profissional, o que eu faria de diferente?

2.12. Que padrões reconheço em relação à minha biografia profissional? (situações, posturas, resultados etc que se repetiram ao longo da vida profissional)

O que esses padrões/repetições podem significar para mim?

3. Talentos, Habilidades e Aspirações

3.1. Que qualidades/habilidades eu tenho e que são efetivamente reconhecidas por outras pessoas?

3.2. Que talentos/habilidades eu tenho e que ainda não foram (ou não estão sendo) despertadas/usadas?

3.3. Que vivências/experiências eu ainda quero ter na minha vida profissional?

4. Dimensões da Vida

Reflita sobre oito aspectos da sua vida, descrevendo na próxima página como você está hoje, em cada uma das dimensões. Abaixo você encontrará algumas perguntas que poderão ajudá-lo antes de seguir em frente. Não é necessário responder cada pergunta. Utilize as perguntas como guias para reflexão.

Físico
Durmo bem? Respiro bem?

Estou cuidando bem do meu físico? Estou com bom preparo, flexibilidade? Meu *check-up* está em dia? Como tenho cuidado de minha saúde? Como é minha alimentação? Estou equilibrando minha saúde e o trabalho?

Profissional
Minha formação está adequada para o cargo atual? E para o futuro? Como me comunico com os diferentes níveis da organização?
Como me relaciono no trabalho?
Estou realizando minha missão em meu trabalho?
Qual o significado do meu trabalho em minha vida?
Minha visão profissional é de longo prazo?

Social
Minhas relações sociais estão bem? Qualitativamente e quantitativamente? Participo de associações, grupos, entidades? Como é esta participação?
Como me expresso quando estou em grupo? Qual o meu papel no grupo?
O que busco nas amizades e relações sociais?

Intelectual
Sinto-me atualizado no meu campo de atuação?
Quais são as minhas fontes de informação? São variadas?
Como transformo informações em conhecimento e ações práticas?
O que conheço bem? O que falta aprender? Tenho dificuldades a superar?

Financeiro
Tenho consciência do meu nível de receitas e despesas? Controlo? Tenho dúvidas? Costumo emprestar dinheiro? Faço doações?
Sou poupador? Investidor? Empreendedor? Administrador?

O que tenho feito para garantir minha tranquilidade financeira? Tenho reservas? Quanto tempo poderia ficar sem trabalhar?
Sou do tipo que gosta de oferecer mais que pedir ou cobrar? O retorno que tenho obtido do meu trabalho é satisfatório?

Familiar
Quanto do meu tempo dedico à família? Tenho conseguido equilibrar a família e o trabalho?
Quais são meus objetivos familiares? Estou conseguindo atingi-los?
Tenho um diálogo aberto com meus familiares? Proporciono um clima de confiança na minha família?
Como tenho sido como Pai, Marido, Mãe, Esposa, Filho (a)?

Lazer
O que é lazer para mim?
Quanto tempo reservo para o lazer? O quanto acredito que o lazer é importante para minha criatividade e produtividade?
Como ocupo meu tempo livre? Reservo um momento só para mim no dia? Tenho planejado minhas férias?
Que atividades tenho feito nas férias?

Espiritual
Dedico tempo para meu desenvolvimento espiritual? Tenho relação com alguma religião? Quais os valores que busco desenvolver? Participo de algum grupo de estudos ou práticas espirituais? Costumo meditar, ou orar? Quanto tempo dedico para as questões espirituais? Qual minha fonte de inspiração para estes valores?

4.1. Descreva como você vê sua vida atualmente em cada uma das dimensões
Físico
Profissional

Social
Intelectual
Financeiro
Familiar
Lazer
Espiritual

3. Roda da Vida[1] — Análise Gráfica

Gradue cada um dos aspectos de 0 a 10 e coloque no gráfico abaixo, considerando 0 (zero), o centro, como sendo o mínimo que você está em relação ao aspecto (profissional, familiar etc) e 10, a circunferência, como o máximo que você está no momento atual.
Marque um ponto sobre a linha do aspecto.

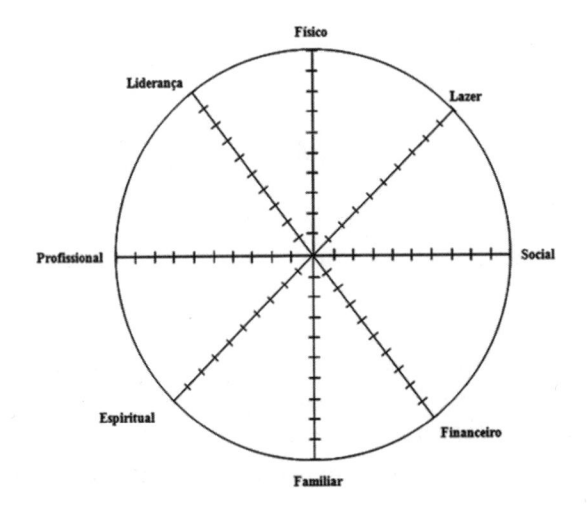

Nota

1 Conceito desenvolvido por Paul J. Meyer fundador do SMI (Success Motivation International)

Valores

- Que valores ou princípios básicos sustentaram minha vida até agora?
- Do que eu não abro mão?
- Lembre-se de momentos de sua vida ou carreira onde você teve que tomar decisões difíceis.
- Que valores nortearam sua decisão?

Depois de refletir sobre as questões acima, gere uma lista preliminar de cinco valores, em ordem de prioridade.

Missão de Vida

A nossa Missão de Vida define nossa atuação no mundo. A Missão expressa o sentido de nosso trabalho e da nossa existência. De acordo com nossa Missão, damos nossa contribuição para o mundo, transformando-o, tornando a nossa vida significativa.

Se considerarmos Missão de Vida como um *farol* que serve de guia para a vida, reflita sobre a razão da sua existência e de que forma o seu papel na vida contribui para o mundo, a sociedade, a família, a comunidade em que vive, ao trabalho atual e/ou futuro — o que for mais relevante para você.

A definição de Missão de Vida de cada um é muito pessoal e pode ser tanto algo concreto e palpável como por exemplo *Garantir a segurança e o bem estar da minha família*, como pode ser algo abrangente e abstrato como *Ser agente para o desenvolvimento da sociedade, através...*

Redija o produto de tal reflexão, completando a frase: Minha missão de Vida é...

Ao investirmos uma ou duas sessões no compartilhamento da biografia, podemos ajudar o *coachee* a ter uma imagem clara de seus talentos, bloqueios, acertos, erros e padrões repetitivos, entre outras.

Em processos de *Life Coaching*, você pode propor uma reflexão de como o *coachee* está em diferentes dimensões da sua vida.

Anexo B – Ferramentas do *Coaching*

Exemplos de reflexão:

Onde eu estou
Vamos refletir sobre oito aspectos da vida. Abaixo você pode encontrar algumas perguntas que poderão ajudá-lo antes de seguir em frente.

Físico	Como tenho cuidado de minha saúde? Durmo bem? Alimento-me corretamente? Estou cuidando bem do meu físico? Estou com bom preparo, flexibilidade? Meu check-up está em dia? Estou equilibrando minha saúde e o trabalho?
Lazer	O que é lazer para mim? Quanto tempo reservo para o lazer? Acredito que o lazer é importante para minha criatividade e produtividade? Como ocupo meu tempo livre? Reservo um momento só para mim no dia? Tenho planejado minhas férias? Que atividades tenho feito? O que me dá prazer?
Social	Minhas relações sociais estão bem? Qualitativamente e quantitativamente? Participo de associações, grupos, entidades? Como é esta participação? Como me expresso quando estou em grupo? Qual o meu papel no grupo? O que busco na amizade?
Financeiro	Sou um poupador? Investidor? Empreendedor? Administrador? O que tenho feito para garantir minha tranquilidade financeira? Sou do tipo que gosta de oferecer mais que pedir ou cobrar? Como tenho valorizado meu trabalho? Qual o retorno que tenho obtido?

Familiar	Quanto do meu tempo dedico à família? Tenho conseguido equilibrar a família e o trabalho? Quais são meus objetivos familiares? Estou conseguindo atingi-los? Tenho um diálogo aberto com meus familiares? Proporciono um clima de confiança na minha família? Como tenho sido como pai, marido, mãe, esposa, filho (a)?
Espiritual	Dedico tempo para meu desenvolvimento espiritual? Quais os valores que busco desenvolver? Participo de algum grupo? Sei meditar, ou orar? Quanto tempo dedico para as questões espirituais? Qual minha fonte de inspiração para estes valores? Qual o sentido da vida para mim?
Profissional	Minha formação está adequada para o cargo atual e para o futuro? Busco me atualizar? Como me comunico? Como me relaciono no trabalho? Estou realizando minha missão em meu trabalho? Qual o significado do meu trabalho em minha vida? Minha visão profissional é de longo prazo?
Liderança	Como desempenho meu papel de líder? Quanto mobilizo pessoas? Quanto me preocupo e invisto no desenvolvimento da minha equipe? Qual a qualidade do meu processo decisório? Qual a minha imagem, hoje, como líder? Como me relaciono com superiores, pares, equipe e parceiros?

4. Talentos e Caricaturas[1]

Qual é o comportamento que eu demonstro e que irrita ou incomoda os outros, e a respeito do qual as pessoas dizem:"Não seja sempre tão...?"
Quando eu percebo que meu comportamento não funciona bem ou cria tensão?

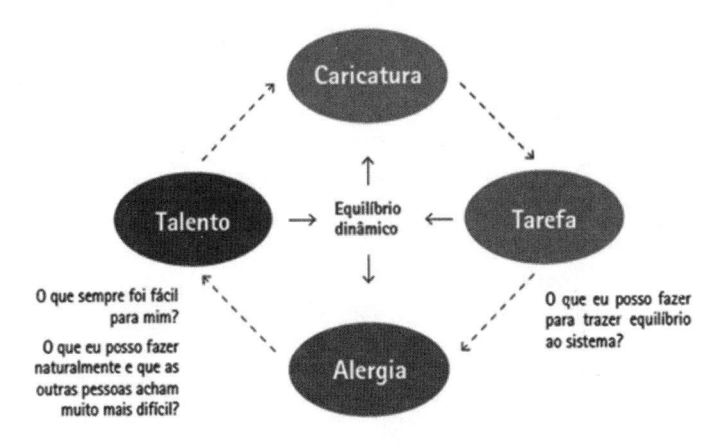

```
                    Caricatura
                         ↑
      Talento  →   Equilíbrio   ←   Tarefa
                    dinâmico
                         ↓
                     Alergia
```

O que sempre foi fácil para mim?
O que eu posso fazer naturalmente e que as outras pessoas acham muito mais difícil?

O que eu posso fazer para trazer equilíbrio ao sistema?

O que eu não suporto nos outros?
O que existe em mim que me dá medo?
Qual é o comportamento das outras pessoas que realmente me irrita?

Na fase de exploração, é comum que as organizações se utilizem do processo de Avaliação 360° formal para as reflexões. Mas também é possível construir uma *Taylor Made* com o *coachee*, com questões como:

- O que gostaríamos de saber sobre a percepção dos outros em relação a você?

Nota

1 Werte — und Entwicklungsquadrat P. Hellwig and F. Schulz von Thun, propõe um modelo explorado por Daniel Ofman em A Gateway to Human Resources. Este modelo foi trazido para o Brasil pela consultora Annemarie Van der Meer em 2006, em um programa aberto da Adigo.

- Quem são as pessoas que poderiam nos ajudar no *feedback*? (Que seriam os avaliadores).

A partir daí, podem ser construídas as questões que deveriam ser respondidas pelos avaliadores e o *coachee* define qual a melhor logística.

Por exemplo:

O *coachee* convida cada um dos avaliadores a participar, esclarecendo os objetivos, as regras, confidencialidade ou não do processo. Depois, o *coach* envia os formulários aos avaliadores. Estes respondem e encaminham para o *coach* que, por sua vez, consolida os dados e dá o *feedback* para o *coachee*.

Outra alternativa pode ser a de o *coachee* fazer entrevistas pessoais com os avaliadores e anotar os resultados e os levar para as sessões.

5. Visão[1]

Identificar o que dá prazer. Identificar as atividades realizadas pode ser um exercício bom para indicar a direção da Visão.

Valores

1. Faça uma lista de seus valores, refletindo sobre as questões:
   - Tente lembrar-se de acontecimentos em sua vida ou carreira onde você teve que tomar decisões significativas. Que valores orientaram a sua decisão?
   - O que é mais valioso para você?

Nota

---

[1] Formação Adigo de Consultores e Líderes Facilitadores inspirado no livro "What Color is your Parachute" de Richard Bolles

2. Depois de refletir sobre as questões acima, gere uma lista preliminar de cinco valores, em ordem de prioridade.

Se quiser, consulte a lista a seguir, com possíveis valores que apresentamos com o intuito de facilitar o seu trabalho. A lista é só uma sugestão, não esgotando os valores possíveis.

VALORES	MAIS IMPORTANTES	VALORES	MAIS IMPORTANTES
Amizade		Inovação	
Amor		Integridade	
Autodesenvolvimento		Justiça	
Aventura		Lealdade	
Beleza		Liberdade	
Bondade		Paz	
Compaixão		Poder	
Competição		Pontualidade	
Conforto		Prazer	
Conhecimento		Profissionalismo	
Cooperação		Realização	
Coragem		Reconhecimento	
Criatividade		Religião	
Disciplina		Responsabilidade	
Espiritualidade		Risco	
Fama		Saúde	
Família		Segurança	
Honestidade		Tolerância	
Honra		Transparência	
Humildade		Verdade	

Os meus cinco valores mais importantes, em ordem de prioridade, são:	
1	
2	
3	
4	
5	

Visão de futuro e dimensões da vida

A partir do que você visualizou e da reflexão dos seus valores, descreva aqui o que planeja para o seu futuro, em cada uma das dimensões abaixo. Comece descrevendo como você está hoje em cada dimensão, depois como quer estar daqui a dez anos, e ao final, o que você precisa já estar fazendo daqui a um ano, para atingir sua visão de longo prazo.

TEMPO	HOJE	10 ANOS	1 ANO
Físico			
Lazer			
Social			
Financeiro			

TEMPO	HOJE	10 ANOS	1 ANO
Familiar			
Espiritual			
Profissional			

A — O essencial para a minha vida futura		

B — Os meus dez valores mais importantes são:		
1		6	
2		7	
3		8	
4		9	
5		10	

6. Missão de Vida

Introdução

A missão de vida define a nossa atuação no mundo. A missão expressa o sentido de nosso trabalho e da nossa existência. De acordo com a nossa Missão, damos a nossa contribuição para o mundo, transformando-o, tornando a nossa vida significativa.

A missão de vida deve fazer você levantar-se todo o dia e empenhar-se com prazer e alegria. Mesmo que às vezes você passe por situações desagradáveis ou obrigações chatas, você reconhece que aquilo, naquele momento é importante para o cumprimento da sua missão de vida.

Podemos diferenciar três campos para a nossa atuação no mundo.

- O campo da vida econômica, material e do trabalho.
- O campo da vida social humana e dos relacionamentos
- O campo da vida cultural, espiritual e religiosa.

Todos nós atuamos de uma ou de outra maneira nestes três campos, de modo que a definição completa de nossa missão de vida pode ser algo bastante concreto, dentro de um raio de ação palpável como, por exemplo, garantir a segurança e o bem-estar de minha família, ou pode ser algo abrangente e abstrato como ser agente para o desenvolvimento da sociedade. Cada um deve achar a definição que corresponda à sua individualidade.

A minha missão de vida

7. Planos de Ação

Na formalização e construção do Plano de Ação, um formulário típico pode ser o seguinte:

1. Descreva em detalhes os seus objetivos de desenvolvimento:

1
2
3

2. Que oportunidades minha situação hoje, no trabalho e na vida pessoal, me proporcionam para colocar em ação estes objetivos?

1
2
3

3. Que pessoas podem me ajudar? De que forma?

1
2
3

4. Que resultados práticos indicam o sucesso do meu plano?

1
2
3

Em um trabalho dentro da organização nas estruturas de gestão de pessoas da organização, temos ainda a Avaliação do Processo de *Coaching*. Segue, como exemplo, um formulário típico.

Avaliação do Processo de *Coaching*:

1. Sua expectativa foi atendida?
2. O que você gostou mais?
3. Que dificuldades você teve?
4. O que você aprendeu e vai levar daqui? Qual foi o seu maior aprendizado?
5. Como você pretende manter e dar continuidade ao aprendizado conquistado neste processo? Fale dos seus planos de futuro.
6. Que contribuições você pode nos dar para melhorar este processo?

Nota

1 Conceito desenvolvido por Paul J. Meyer fundador do SMI (Success Motivation International)

Bibliografia

ADIGO, Formação de Consultores e Líderes Facilitadores._____

ALIGUIERI, Dante. *A Divina Comédia*. São Paulo: Editora 34. 2010.

BOLLES, Richard. *What Color is Your Parachute: a practical manual for job-hunters and career-changers*. Ten Speed Press. 2016

BURKHARD, Daniel e MOGGI, Jair. *O Capital Espiritual das Empresas*. São Paulo: Elsevier, 2009.

BURKHARD, Daniel e MOGGI, Jair. *O Espírito Transformador*. São Paulo: Antroposófica. 2001.

BURKHARD, Gudrun. Formação Biográfica_____

CHARTON, Anita. http://anitacharton.ch/en/biographical-*coaching*.

DURANT, Will. *A História da Filosofia*. São Paulo: Record. 1996.

FENELON, François S. M. *As Aventuras de Telêmaco, Filho de Ulisses*. São Paulo: Madras. 2006.

GOERAAD, Van Houten .*A Formação de Adultos como o Despertar da Vontade*. Centro de Formação de Professores — Escola Waldorf R. Steiner, São Paulo.

MOGGI, Jaime. *Liderando pela Essência*. São Paulo: Antroposófica, 2015.

OFMAN, Daniel. (P. Hellwig and F. Schulz von Thun) *Werte— und Entwicklungsquadrat,*2014.

SENGE, Peter M. *A Dança da Mudanças.* São Paulo: Campus BB. 2009.

STEINER, Rudolf. *A individualidade dos planetas.* São Paulo: Sociedade Antroposófica no Brasil.

VOGT, Eric E. *The Art and Architecture of Powerful Questions.* Mill Valley: Whole Systems Associates, 2003.

WHITE, Alasdair. *From Confort Zone to Performance Management.* São Francisco, 2008

WHITMORE, John. *Coaching para Performance.* Boston: Nicholas Brealey Publishing, 2006.

CÓDIGOS DE ÉTICA DO *Coaching*

ICF *(International Coaching Federation)* — coachfederation.org/about/ethics.aspx?ItemNumber=854

SBC (Sociedade Brasileira de *Coaching*) www.sbcoaching.com.br/torne-secoach/conduta-e-etica

QUALITYMARK EDITORA

Entre em sintonia com o mundo

Qualitymark Editora Ltda.
Rua Teixeira Júnior, 441 - São Cristóvão
20921-405 - Rio de Janeiro - RJ
Tel.: (21) 3295-9800
Fax: (21) 3295-9824
www.qualitymark.com.br
E-mail: quality@qualitymark.com.br

Dados Técnicos:

• Formato:	14 x 21 cm
• Mancha:	11 x 18 cm
• Fonte:	BookmanOldStyle
• Corpo:	11
• Entrelinha:	13
• Total de Páginas:	208
• 1ª Edição:	2016